KB267444

랑시에르의 『무지한 스승』 읽기

세창명저산책_005

랑시에르의 『무지한 스승』 읽기

초판 1쇄 발행 2012년 12월 5일
초판 2쇄 발행 2019년 5월 20일
_

지은이 주형일
펴낸이 이방원
기획위원 원당희
편　집 안효희·김명희·윤원진·정조연·정우경·송원빈
디자인 손경화·박혜옥　**영업** 최성수　**마케팅** 이미선
_

펴낸곳 세창미디어
출판신고 2013년 1월 4일 제312-2013-000002호
주소 03735 서울시 서대문구 경기대로 88 냉천빌딩 4층
전화 02-723-8660　**팩스** 02-720-4579
이메일 edit@sechangpub.co.kr　**홈페이지** http://www.sechangpub.co.kr/
_

ISBN 978-89-5586-161-7 04100
　　　978-89-5586-142-6 (세트)

이 도서의 국립중앙도서관 출판시도서목록(CIP)은 서지정보유통지원시스템 홈페이지(http://seoji.nl.go.kr)와 국가자료공동목록시스템(http://www.nl.go.kr/kolisnet)에서 이용하실 수 있습니다. CIP제어번호: CIP2012005524

_이미지 출처: https://www.flickr.com/photos/11932978@N00/4481676085 (Author: tomislav medak)

주형일 지음

랑시에르의 『무지한 스승』 읽기

세창미디어
MEDIA

이 책은 원래 랑시에르의 『무지한 스승』을 해설해 달라는 출판사의 의뢰를 받고 쓰기 시작한 것이다. 『무지한 스승』이 자코토의 사상에 대한 일종의 해설서 같은 모습을 갖고 있고 내용이 그다지 어려운 것이 아니기에 해설서를 어떤 방식으로 써야 할지에 대해 약간 고민하는 시간이 필요했다. 더구나 『무지한 스승』에서 랑시에르가 자코토의 입을 빌려 줄곧 주장하고 있는 것이 바로 설명의 거부가 아닌가? 모든 사람의 지적 능력을 동등한 것으로 전제하고 어떤 설명도 없는 상태에서 독자가 오직 자신의 지적 능력을 바탕으로 모든 것의 관계를 맺어 가면서 지식을 구성해 가는 것 자체가 바로 『무지한 스승』이 원하는 것이다. 그렇다면 『무지한 스승』을 해설한다는 것은 책의 주장 자체를 거스르는 행위가 아니겠는가? 게다가 내 자신이 어려운 글을 꼼

꼼히 읽고 해설하는 것을 싫어하는 게으른 존재가 아닌가? 공부는 스스로 하는 것이라는 생각을 갖고 있어 다른 사람의 책을 번역할 때도 주렁주렁 주석을 다는 것을 피해왔는데 해설서를 쓰다니.

나는 책을 세심하게 해석하는 것은 하지 않기로 했다. 내 성격에 맞지 않는 일이며 책의 주장에도 어긋나는 일이었기 때문이다. 대신 독자가 『무지한 스승』을 읽게 될 때 도움을 받을 수 있는 정보들을 제공하는 방식으로 책을 구성하기로 했다. 그래서 제1장에는 얼핏 보기에 『무지한 스승』과는 직접적 관련이 없어 보일 수도 있는 내용을 담았다. 자코토의 책들을 중심으로 자코토의 교육원리를 쉽게 정리함으로써 독자가 어느 정도 정돈된 지식을 갖고 『무지한 스승』의 자코토를 만날 수 있도록 했다. 물론 이것은 객관적이고 중립적인 정보들이 아니다. 그것은 내가 가진 편견들을 통해 적당히 착색된 정보들이다. 『무지한 스승』을 읽게 될 독자는 랑시에르의 편견에 의해 착색된 자코토와 나의 편견에 의해 착색된 자코토를 만나게 될 것이다. 그리고 독자 스스로의 편견을 통해 자코토를 착색할 기회를 얻게 될 것이다.

제2장에서는 『무지한 스승』에서 발견되는 랑시에르의 생각의 기원이라고 할 만한 것들을 소개했다. 랑시에르가 독자적으로

출판한 최초의 책인 『알튀세르의 교훈』이 나오게 된 사회적, 학문적 배경을 살펴보고 책의 내용을 정리했다. 68혁명이나 구조주의와 관련된 생각을 정리하는 데 도움이 될 것이라고 생각한다. 랑시에르 생각의 맹아가 『알튀세르의 교훈』 안에 어떻게 자리잡고 있는지를 발견하는 것도 흥미로운 일일 것이다.

제3장에서는 랑시에르 사상의 기본적인 토대 역할을 하는 19세기 노동자들의 글들을 다뤘다. 여기에서 다룬 『프롤레타리아의 밤』은 랑시에르 사상의 고향과 같은 책이다. 체계적이고 논리적으로 생각을 전개시킨 이론서가 아니라 여러 가지 생각들과 사건들의 흐름을 따라가는 일종의 이야기책처럼 집필됐기 때문에 읽기 쉬우면서도 동시에 이해하기 상당히 어려운 책이다. 그래서 나도 이 장에서는 랑시에르의 생각을 개념적으로 정리하면서도 이야기를 통해 그것이 이해될 수 있도록 하려고 노력했다.

제4장에서 비로소 『무지한 스승』에 대해 직접 이야기했다. 『무지한 스승』은 『프롤레타리아의 밤』에서 태어난 책이면서 동시에 당시의 특수한 사회적 환경 속에 위치한 책이다. 나는 이것을 우리가 가진 전태일에 대한 기억과 결부시키면서 전태일의 이야기를 재해석하고 그것을 통해 독자가 『프롤레타리아의 밤』과 『무지

한 스승』을 연결시킬 수 있는 기회를 제공하려 했다.

『알튀세르의 교훈』에서 『무지한 스승』까지 달려온 랑시에르의 여정은 이후 정치와 예술로 이어진다. 이 책에서는 이 부분을 다루지 않았지만 이 책을 통해 랑시에르의 생각이 갖고 있는 기본적인 전제들을 이해한다면 이후의 주장들을 따라가는 것은 그리 어렵지 않을 것이다.

나는 강단의 철학자가 아니기 때문에 철학자들이 내세운 개념들 사이의 미세한 차이들을 추적하고 그것들이 철학적 담론의 장에서 갖는 의미들을 증폭해 구별하는 것에는 큰 관심이 없다. 그런 내가 번역이 잘못됐다는 욕을 먹으면서도 랑시에르의 책을 두 권이나 번역하고 일종의 해설서까지 쓰게 된 것은 랑시에르의 생각이 몇 년 전부터 내가 해오던 작업과 일맥상통하는 부분이 있기 때문이다. 그것은 이미 정해진 틀에 의해 사회를 보는 것이 아니라 다른 시각으로 사회를 보려 하며, 특히 대중의 눈으로 대중의 삶을 보고자 하는 작업이다. 사회과학자가 아닌 다른 것이 되기를 꿈꾸는 사회과학자의 작업이라고나 할까? 이 책의 독자들도 아마 이미 자신이 아닌 다른 것이 되기를 꿈꾸고 있을지도 모르겠다.

| CONTENTS |

제1장
지능과 교육에 대한 색다른 접근

1. 천재의 신화

(1) 신동의 시대

유튜브에 올라온 기타리스트들의 동영상을 보면서 독학으로 기타를 배워 앨범을 낸 중학생, 15개국어를 독학으로 배운 열 살의 소년, 2개월간의 독학으로 풍속화를 그리는 열 살의 소년, 독학으로 삼국사기를 읽고 해석해 논문을 쓴 고등학생 … 이들은 모두 어린 나이라는 것, 다른 사람의 가르침을 받지 않고 혼자서 공부를 해 어느 정도의 경지에 올랐다는 공통점을 갖고 있다. 사람들은 그들을 흔히 천재, 또는 신동이라고 부른다. 사람들이 놀라워하는 것은 무엇보다도 그들이 스스로 깨쳤다는 점 때문이다. 일반적으로 무지한 상태의 사람이 어떤 것을 배워 잘하게 되려면 그것에 대한 지식과 기술을 가진 사람에게서 가르침을 받아야 한다는 것이 상식이다. 그런데 이들은 아무에게도 별다른 가르침을 받지 않은 채 혼자 공부해 이치를 깨닫고 지식과 기술을 습득한 것이다. 이것은 상식을 깬 일이며 일반적이지 않고 특별한 일이기 때문에 사람들은 그것이 가능한 것을 특출한 재능, 즉 천재성에서 찾는 것이다.

사람들을 놀라게 하는 천재는 아직 어른이 되지 못한 상태에 있는 경우가 대부분이다. 충분히 나이가 많은 사람이라면 뛰어난 능력을 보인다 해도 사람들을 놀라게 하거나 화제가 되지는 않는다. 그는 사회적 인정과 존경을 받기는 하지만 냉정하게 말하자면 그저 지식이나 기술을 남들보다 더 많이 가진 사람일 뿐이기 때문이다. 하지만 뛰어난 능력을 보이는 사람이 어린아이일 경우에는 이야기가 달라진다. 왜냐하면 어린아이는 학교나 스승에게서 그 정도의 능력을 보일 정도로 지식이나 기술을 배울 충분한 시간을 갖지 못했을 것이라고 판단되기 때문이다. 따라서 그의 능력은 신이 부여한 천부적인 것으로 이해된다. 그래서 그는 신동이라 불린다. 배우지 않고도 깨치는 아이가 바로 신동이다.

세상을 놀라게 하는 것은 단순한 천재가 아니라 신동이다.

그의 신체는 어린아이지만 지식과 정신은 세상의 온갖 경험과 배움을 통해 완성된 노인의 것과 같다. 시대와 사회를 막론하고 사람들을 놀라게 만드는 신동들이 있어 왔다. 하지만 시대에 따라 신동을 대하는 사람들의 태도는 달랐다(Sacquin et al., 1993/1999). 고대에는 유년기라는 개념이 존재하지 않았다. 어린이는 자유롭게 말을 하고 자신의 몸을 가눌 수 있게 되는 일곱 살 정도가 되면 곧장 성인 세계로 편입됐다. 따라서 어른의 능력을 가진 어린아이라는 사회적 평가 자체가 존재할 수 없었다. 조숙하다는 개념이 있지 않았던 것이다. 이 시기의 신동은 천재라기보다는 영웅이라는 관점에서 접근됐다. 그는 태어날 때부터 다른 방식으로 태어나며 그 특별한 탄생 자체가 그에게 특별한 능력을 부여하는 것처럼 이해된다. 신화 속의 영웅들은 알에서 태어나거나 늑대에 의해 길러지고 어떤 죽음의 위협에도 상처 하나 받지 않는다.

중세에 신동은 악마의 작품으로 의심받았다. 모든 것이 신의 섭리에 따라 제자리에 있어야 하는데, 어른의 능력을 가진 어린아이인 신동은 그 섭리를 거역하는 것이기 때문이다. 신이 지정한 위계, 계급, 사회적 지위와 역할을 거스르는 것은 사회 질서를 어지럽히는 악마적 행위로 이해된 것이다. 따라서 중세에 신동에 대한 기록은 매우 드물며 신동이 있다 하더라도 그는 찬양의 대상이라기보다는 두려움과 불신의 대상이었다.

신동과 천재에 대해 사람들이 긍정적인 찬사를 보내기 시작한 것은 르네상스 이후에 들어와서이다. 르네상스 이후 신 중심의 세계관이 인간 중심의 세계관으로 바뀌게 되고 과학의 발전과 예술의 부흥이 이뤄지면서 과학과 예술 분야에서 뛰어난 능력을 보여주는 어린아이들에 대한 사회적 관심이 증가했다. 르네상스 시대에는 특히 예술가들 중에서 많은 신동을 만날 수 있었다. 미켈란젤로, 라파엘로와 같은 인물들이 대표적이다. 사람들은 교육의 일반적 규칙을 거스르면서 선생보다 더 뛰어난 능력을 보이는 어린 예술가들을 경이에 찬 눈으로 바라봤다.

17세기에 들어서면서 유럽에서는 교육에 대한 사회적 관심이 증가했고 다양한 교육 개혁의 노력이 시작됐다. 이와 함께 유년기와 청소년기에 대한 개념도 사회적으로 형성됐다. 어린아이들은 유년기와 청소년기를 거치면서 성인으로서의 능력을 갖추기 위해 교육을 받아야 하는 존재로 인식됐다. 이를 바탕으로 유아기, 아동기, 소년기, 청년기로 단계를 나눠 교육을 실시하는 체계가 확립됐다. 교육을 받지 않았음에도 성인의 능력을 보여주는 어린아이들은 사회적으로 호의적인 관심의 대상이었지만

동시에 사회적 덕목을 길러 주는 교육의 억압적 테두리를 벗어
난다는 점에서는 부정적 평가를 받았다. 이 시대에 교육은 인간
의 정신을 발전시키는 중요한 수단으로 인식됐기 때문에 교육
을 받지 않고도 놀라운 지적, 예술적 능력을 보여주는 아이들에
대해서는 정신적 능력을 찬양하면서도 사회적 덕목의 부족을
염려하는 이중적 평가가 가해진 것이다.

계몽의 시대인 18세기에 접어들면서 유럽에서는 인간의 지적
능력을 고양시키는 문제에 대한 철학적 논의들이 활발해졌고
그 속에서 천재에 대한 근대적 개념이 형성되게 된다. 천재는
상상의 힘을 발휘하는 영혼의 활동으로 이해된다. 백과전서파
사상가인 디드로Diderot는 천재를 인간의 노력에 의해 얻어지는
것이 아니라 자연의 선물이며 예술, 학문 등 인간의 지적 활동에
서 뛰어남을 발휘함으로써 시대를 앞서가는 능력이라고 이해했
다. 칸트Kant는 천재를 예술가의 천부적이고 독창적인 생산 능력
이라고 보고 이 천재를 통해 예술에서 자유로운 아름다움, 순수
한 취향 판단, 목적 없는 목적성이 가능하다고 봤다.

예술과 학문에서의 천재 개념이 만들어진 18세기에는 본격적
으로 신동의 시대가 시작됐다고 할 만큼 많은 어린 천재들이 등
장했다. 대표적인 인물이 바로 모차르트이다. 모차르트는 신동

의 전형을 보여주는 인물로 사람들이 천재에 대해 갖고 있는 이미지를 대표하고 완성시켰다. 모차르트는 1756년 오스트리아에서 태어났다. 그의 아버지 레오폴트 모차르트는 궁정 작곡가이자 잘츠부르크 교회당의 부악장이었다. 전설에 가까운 이야기에 따르면 누나인 마리아 안나가 클라비어를 배우고 있는 것을 지켜보던 세 살의 모차르트는 누나의 레슨이 끝나자 곧 클라비어 앞에 앉더니 누나가 배우고 있던 곡을 완벽히 쳐냈다. 모차르트는 다섯 살 때부터 유럽 전역을 돌며 연주회를 가졌고 여섯 살 때부터 작곡을 시작했으며 일곱 살 때 소나타들을 출판했고 열두 살 때 오페라를 작곡해 다음 해에 공연을 했다. 열다섯 살이 되던 1771년에는 첫 번째 전기가 출판됐다. 수많은 뛰어난 곡들을 작곡했으나 경제적으로는 항상 궁핍했고 결국 35세의 나이로 요절한 뒤 무덤마저 찾을 수 없게 됐다.

가르쳐 주지 않아도 악기를 연주하는 법을 터득하며 한 번 들은 곡을 완벽히 암기하고 번뜩이는 영감으로 아름다운 곡을 작곡하는 어린아이. 그의 아버지는 다른 사람에게 보낸 편지에서 그가 여덟 살인데도 이미 마흔 살의 남자와 지적 수준이 같다고 평가한다. 많은 사람들이 어린 모차르트의 놀라운 재능에 감탄했지만 일부는 의혹의 시선을 거두지 않았고 특히 성인 음악가들은 적대감까지 보였다. 모차르트가 신동으로서 완전한 사회적 인정을 받은 것은 19세기 낭만주의 시대에 들어서서이다.

　19세기를 지배한 낭만주의 사상은 천재를 자생적 창조력으로 이해한다. 예술적 창조는 과거의 어떠한 실재 경험들과도 부합되지 않는 내면의 직관들이 발현되는 것으로 이해된다. 이것은 자연과 예술 사이의 선험적 결합을 통해 예술의 초월성을 인정하고자 하는 노력의 일환이었다. 천재는 예술의 초월성을 구현하는 능력으로 자연발생적인 것이기 때문에 교육을 받아 얻게 되는 기술적 재간과는 다른 것으로 이해된다. 섬광과 같은 영감을 통해 시대를 초월하는 작품을 만들어내는 창의력을 가진 천재는 동시대인과는 다른 사람으로 사회와 문화를 발전시키는 사건들을 만들어내는 사람이다. 천재를 사회와 예술의 발전을 위해 필요한 존재로 이해했기 때문에 19세기부터는 천재는 더 이상 의혹의 대상이 아니라 선망과 동경의 대상이었으며 찾아내거나 심지어는 만들어야 할 존재가 됐다.

　과학의 발달은 천재에 대한 사회적 접근에도 영향을 미쳤다. 19세기 중엽부터 유전학이 발달하면서 천재는 유전되는 형질로서 이해됐고 사람들은 이제 천재를 만들 수 있는 부모의 조합에 대해 고민하기 시작했다. 두개골의 크기와 형태를 측정함으로써 사람의 성격과 심리적 특성을 알 수 있다고 주장한 골상학에서는 두개골이 클수록 지적 능력이 뛰어나다고 봤다. 이 때문에 이마가 넓고 머리가 큰 사람이 천재일 가능성이 크다는 속설이 만들어졌다. 하지만 천재 개념과 관련해 가장 큰 사회적 영향을 미친 것은 바로 IQ검사였다.

(2) IQ의 사회적 의미

IQ검사의 원형은 프랑스의 심리학자 비네Binet가 1905년 발명한 것이다. 1881년 프랑스에서 초등학교 완전무상 의무교육이 실시되면서 교육부는 초등학생들의 학력격차에 대해 고민하기 시작했다. 비네는 교육부의 의뢰를 받아 학업을 따라가지 못하는 학생들을 판별해 내는 검사법을 개발했다. 비네는 각 연령의 아이들이 처리할 수 있는 언어나 행동의 항목들을 정하고 어떤 아이들이 자기 연령에 맞는 항목들을 잘 처리하지 못하는지를 조사했다. 이 검사는 아이의 정신연령이 실제 연령과 비교해 일치하느냐, 혹은 더 높거나 낮으냐를 알아보는 기능을 했다. 이 검사법은 독일의 심리학자 슈테른Stern과 미국의 터먼Terman에 의해 결과를 수치화시키는 방식으로 변형되어 지능지수IQ 검사가 됐다. IQ검사는 미국에서 선풍적 인기를 끌면서 아이들의 지적 능력을 알 수 있는 객관적 지표로 이해되면서 사용되기 시작했으며 여러 수정을 거쳐 다양한 검사법들이 개발되어 현재는 세계적으로 사용되고 있다.

비네가 개발한 IQ검사는 원래 아이가 자신이 속한 연령의 또래 집단 내에서 어느 정도의 위치를 차지하고 있는가를 알려주는 지표일 뿐 아이의 지적 능력이 뛰어난지 그렇지 않은지를 알려주는 지표는 아니었다. 쉽게 말하자면 IQ는 아이가 천재인지 아닌지를 알려주는 기능을 하지 않는다는 말이다. 하지만 이후 IQ는 마치 아이의 지적 능력이 뛰어남을 알려주는 지표인 것처럼 사용되고 있다. IQ가 낮은 사람은 열등하고 IQ가 높은 사람은 우월하다는 사회적 편견이 존재하게 된 것이다.

비네의 검사법을 수정해 널리 사용되는 IQ검사법을 만든 스탠퍼드 대학의 심리학자 터먼은 IQ에 기반해 사회 계층이 구분되는 질서 있는 사회를 꿈꿨다. 그는 지적 능력이 유전되는 것이라 믿었으며 IQ검사가 장차 사회를 지도할 인재를 어려서부터 식별시켜 교육할 기회를 줄 수 있다고 생각했다. 그는 IQ가 높은 천재가 사회를 이끌어 가야 한다고 믿었기 때문에 천재에 대한 사회의 잘못된 통념을 깨고 싶어 했다. 당시 사회에 퍼져 있던 생각(이 생각은 오늘날에도 상당 부분 남아 있다)에 따르면 신동은 창백하고 기운이 없으며 안경을 쓰고 어깨가 구부정한 병약한 아이로서 뇌를 너무 혹사시켜서 일찍 죽거나 어른이 되면 정신이상에 걸리거나 사회적 부적응자가 되기 쉬운 존재이다. 또한 나이가 들어서 큰 업적을 남기는 위대한 천재는 대부분 어렸을 때 바보였다(아인슈타인에 대해 떠도는 이야기를 생각해 보라). 그렇기 때문에 유년기와 아동기를 충분히 즐기면서 성장하는 것이 건강하고 균형 있는 심신을 가진 사람이 되는 길이다. 한마디로 똑똑한 아이들이 너무 일찍 지적으로 혹사당하면 안 된다는 것이다. 터먼은 이런 통념과는 달리 실제로는 신동들이 잘 자라서 보통 사람들보다 더 뛰어난 업적을 성취하며 더 건강하고 더 부자가 된다는 것을 증명하고 싶어 했다. 그래서 터먼은 1921년부터 신동들에 대한 장기 관찰 연구를 시작한다. 「천재에 대한 유전적 연구Genetic Studies of Genius」라는 이름의 이 연구에서 그는 캘리포니아 지역에 사는 IQ 135 이상을 가진 3세에서 19세 사이의 남자 아이 857명과 여자 아이 671명을 선발해 인터뷰, 관찰, 설문조사 등을 통해 그들의 삶이 어떻게 변해 가는지를 정기적으로 조사했다. 이 조사는 터먼의 사후에도 계속 이어져 조상대상자들 중 약 200여 명이 생존해 있는 현재까지도 계속되고 있다.

터먼은 조사 초기인 1920년대에 신동들의 학창 시절에 대한 조사를 마무리하면서 선별된 아이들이 보통 아이들보다 더 병약하지는 않으며 좋은 학업 성적을 나타내면서 사회적으로도 잘 적응하고 있음을 보여줬다. 그들은 보통 아이들보다 근시가 더 많기는 했지만 병약하기는커녕 심지어 보통 아이들보다 평균 키가 더 크기까지 했다. 1930년대부터 60년대까지 이어진 연구 결과 신동들은 과반수 이상이 대학에 진학했고 많은 아이들이 좋은 직장을 얻었다. 그들 중 몇 명은 학계와 예술계에서 저명한 인물이 됐으며 70명이 과학자로 활동하며 대학 교수 등이 됐고 여덟 명의 CEO, 세 명의 외교관이 나왔다. 하지만 대부분의 사람들은 보통 사람들과 다르지 않은 평범한 삶을 살았다. 터먼 스스로가 1947년 출판한 책에서 이 연구에 따르면 IQ와 사회적 성취 사이에는 완벽한 상응관계가 있다고 보기는 매우 힘들다고 고백했다(Terman & Oden, 1947). 실제로 터먼이 IQ가 기준에 미달한다는 이유로 연구 대상에서 탈락시킨 아이들 중에서 오히려 노벨상 수상자가 두 명이나 배출됐다. 그의 연구는 신동들이 보통 사람들보다 더 뛰어난 삶을 산다는 것을 증명했다기보다는 신동들도 보통 사람들만큼 건강하고 행복한 삶을 꾸려갈 수 있다는 것을 증명한 셈이 됐다.

터먼의 연구 대상이 된 신동들의 경우, 평균적으로 보통 사람

들보다 사회적으로 성공한 경우가 더 많았지만 이것은 높은 IQ
의 결과라기보다는 그들의 사회적 환경 때문이라는 지적을 받
고 있다. 왜냐하면 터먼이 조사한 아이들의 30%가 전문직 종
사자 부모를 두고 있었으며 과반수가 중산층 이상의 생활수준
을 갖고 있었기 때문이다. 당시 아이들의 3%만이 전문직 종사
자 부모를 두고 있었다는 점을 감안하면 아이들의 사회적 환경
자체가 처음부터 매우 유리한 것이었다고 볼 수 있다. 또한 아
이들 중에서 유색 인종의 비율 또한 매우 낮았다. 조사 대상 아
이의 90% 정도가 백인이었다. 한마디로 백인 위주의 중산층 이
상의 가정환경을 가진 아이들이 연구 대상의 대다수를 차지하
고 있었던 것이다. 아이들이 사회적 활동을 왕성히 하던 시기가
1930년대에서 50년대였다는 것을 생각해 본다면 유색인종이 사
회적으로 성공하기는 매우 힘든 시기였다. 게다가 터먼은 아이
들과 친분 관계를 유지하면서 아이들이 스탠퍼드 대학에 들어
올 수 있도록 힘을 써 주고 학업과 직장에 관련된 추천서들을 써
주는 등 아이들의 학업과 사회생활에 직접적으로 간여하면서
영향을 미쳤다. 이후의 다른 연구들에서는 동일한 사회적 환경
에서 자란 아이들의 경우 IQ가 높은 아이들과 보통인 아이들 사
이의 사회적 성취도의 차이는 없었다는 것을 보여줬다. 또한 터

먼의 조사 자료를 이용한 후속 연구들에서도 IQ가 아주 높은 아이들(IQ 180 이상)조차도 학교 수업을 좀 더 쉽게 따라가는 것 외에는 보통 아이들과 큰 차이를 보이지 않았으며 천재라고 부를 만한 어떤 특성을 보여주지도 않았다는 것이 밝혀졌다(Feldman, 1984).

천재를 계량적인 방식으로 수치화해 식별해 낼 수 있다고 믿었던 IQ검사가 사실은 천재를 식별해 내는 데 전혀 도움을 주지 않으며 IQ가 높다고 해서 천재적 자질을 보여주거나 사회적 성취도가 매우 높지도 않다는 것이 밝혀진 지금도 IQ에 대한 대중의 믿음은 계속되고 있다. 2009년 영국의 한 인터넷 사이트는 역사상 존재했던 천재들의 IQ를 추정 공개하기도 했다. 괴테, 다빈치, 스베덴보리, 라이프니츠, 밀, 파스칼, 비트겐슈타인, 갈릴레이 등의 역사적 인물들이 모두 IQ 210에서 180 사이의 천재로 제시됐다. 또한 20세기의 천재로 불리는 아인슈타인의 IQ는 160이라고 주장한다. 이들 중 실제로 IQ검사를 한 이는 아무도 없지만 대중은 그들은 천재이기 때문에 IQ가 매우 높을 것이라 믿는 것이다. 이런 사회적 믿음 속에서 언론은 여전히 IQ가 높은 천재 소년, 소녀의 이야기들을 끊임없이 재생산해내고 있다. 그들이 세상을 진보시키고 우리를 더 나은 곳으로 이끌어 줄 것이라 믿으면서 말이다.

(3) 천재를 원하는 사회

사실 천재란 개념 자체가 사회적 산물이다. 어느 시대, 어느 사회에나 다른 사람들보다 더 뛰어난 재능을 발휘하는 사람들은 있어 왔다. 하지만 우리가 쉽게 놓치는 사실은 그 사람들이 뛰어난 재능을 발휘하게 된 것은 사회적 조건이 그것을 허락하고 부추겼기 때문이라는 점이다. 역사 속에 등장하는, 우리가 기억하는 많은 천재들을 떠올려 보라. 혹시 그들 대부분이 남자는 아닌가? 그렇다. 역사 속에서 기억되는 대부분의 천재들은 남자이다. 신은 오직 남자에게만 천재로서의 재능을 부여했단 말인가? 아닐 것이다. 천재가 남자였던 이유는 아마도 사회가 여자에게는 재능을 발휘할 기회를 주지 않았기 때문일 것이다. 이것은 여자에게만 국한된 문제가 아니다. 소수 민족, 소수 인종, 낮은 사회적 계급의 사람들은 모두 천재가 될 수 없었다.

천재의 원형인 모차르트도 사실 우리가 알고 있는 것처럼 하늘에서 뚝 떨어진 천재가 아니었다. 모차르트가 천재로서 인정을 받을 수 있었던 것은 우선적으로 18세기의 사회적 상황과 밀접한 연관이 있다. 18세기 유럽은 경제 성장으로 인한 자본 축적으로 부르주아지의 힘이 커져 가던 시기였으며 귀족들 또한 경제적 부를 바탕으로 예술과 문화에 많은 투자를 하던 시기였다. 또한 계몽사상을 바탕으로 아이들의 교육에 대한 많은 연구와 실험이 진행되고 있었다. 모차르트의 아버지 레오폴트 모차르트는 작곡가이자 바이올리니스트였지만 무엇보다도 새로운 음악 교육법을 개발한 뛰어난 교육자였다. 그는 자신의 두 자녀들에게 어렸을 때부터 체계적인 음악 교육을 실시했고 그 결과 둘 모두 뛰어난 음악 실력을 발휘할 수 있었다. 레오폴트는 단지 교육을 하는 데 그치지 않고 자녀들의 음악 활동을 조직하는 매니저 역할도 했다. 그는 적극적으로 귀족들에게 자녀들의 재능을 소개했고 연주회를 조직했다. 모차르트가 신동으로 이름을 날리게 된 것은 아버지의 적극적인 홍보가 있었기 때문에 가능한 것이었다. 그는 모든 사람들에게 모차르트를 신동으로 소개했고 그가 작곡한 곡들을 출판했다. 레오폴트가 이렇게 홍보에 열을 올린 이유 중에는 경제적인 것도 있었다. 신동의 연주회는 많은 돈을 벌게 해주었던 것이다.

모차르트의 누나였던 마리아 안나 모차르트도 어렸을 때부터 아버지의 교육을 받아 뛰어난 음악적 재능을 발휘했고 신동 연주가로서 모차르트와 함께 많은 연주회를 가졌으며 작곡을 하기도 했다. 하지만 18세기에 여성이 전문적인 음악가로서의 경력을 쌓아가는 것은 불가능했기 때문에 마리아 안나는 결혼 적령기에 이르자 모든 활동을 중단할 수밖에 없었다. 당연히 레오폴트도 그녀의 경력을 위해 홍보를 하거나 연주회를 조직할 필요를 느끼지 못했다. 그녀는 동생 모차르트와 잠시 함께 연주했던 재능 있던 소녀로 머문 채 사람들의 기억에서 사라졌다.

모차르트가 천재로서 기억될 만한 활동과 작품을 남길 수 있었던 것은 우선적으로 그가 훌륭한 교수법과 사회적 야망을 가진 음악가의 집안에서 남자로 태어났기 때문이다. 또한 사회의 지배 권력이 귀족에서 부르주아지에게로 넘어가는 과도기를 살면서 궁정의 음악가로 자리를 잡지 못한 모차르트는 궁정의 관습적인 음악을 해야 하는 상황에서 자유로웠기 때문에 관습을 깬 음악을 창작할 수 있는 기회를 갖게 됐다. 귀족들은 음악을 비롯한 예술 전반에 폭넓은 지원을 했으나 귀족계급을 비판하거나 전복하려는 내용을 담은 작품들은 철저히 탄압했다. 모차르트는 궁정에 소속돼 있지 않았기 때문에 상대적으로 자유롭게 체제 비판적 작품들을 내놓을 수 있었다. 귀족의 지원을 받지 못한 그는 경제적인 어려움을 겪었고 결국 그것이 단명의 원인이 됐지만 역설적으로 그의 작품은 독창성이 가득한 뛰어난 작품이란 찬사를 받으며 오늘날까지 사랑받게 된 것이다(Elias, 1993/1999).

널리 알려진 신화와는 달리 모차르트는 처음부터 누구도 생각할 수 없는 독창적인 작품들을 작곡해 내는 천재는 아니었다. 어릴 적 그에게는 뛰어난 교육자이자 매니저인 아버지가 있었고 신동에게 호의적이었던 귀족 사회가 있었다. 그리고 모차르트는 음악 공부와 연습에 매진한 노력파였다. 성인이 되어 그가 작곡한 작품들은 그가 어린 시절부터 기울여 온 엄청난 노력의 결과물이었다. 모차르트는 자신이 쓴 편지들에서도 밝히고 있듯이 손가락이 휘어질 정도로 밤낮으로 연습에 몰두했다. 모차르트의 작품들을 연구한 결과에 따르면 모차르트는 최소 10년간의 연습 기간을 거치면서 조금씩 작곡 실력을 향상시키고 작품의 질을 높여갔다. 사실 모차르트가 어릴 때 작곡한 곡들은 기존의 곡들을 조합한 수준에 불과했으며 독창성은 전혀 없었다(Ericsson, 2006).

모차르트의 경우에서 볼 수 있듯이 우리가 상상하는 천재는 없다. 엄청난 재능을 갖고 태어나 배우지 않고도 알고, 사회적 환경과 관계없이 자신의 능력을 발휘해 세상을 바꾸는 그런 천재는 없다. IQ도 천재를 식별하는 수단이 될 수 없다. 천재라고 불린 사람들은 모두 환경의 도움을 받으면서 많은 노력을 한 사람들이다. 대중이 꿈꾸는 천재는 존재하지 않지만 여전히 사회는 천재의 등장에 환호한다. 어린 나이에 남들보다 더 뛰어난 능력을 보여주는 사람들은 천재로 불리며 언론과 호사가들의 입방아에 오른다. 그리고 마치 18세기에 모차르트의 등장을 본 많은 음악가 집안에서 그러했듯이 조기 교육을 통해 아이를 천재로 만들고자 한다. 서점에는 아이를 천재로 만드는 비법을 소개한 책들이 쌓이고 부모들은 자신의 아이가 천재는 아닐지라도 영재나 수재가 되기를 원한다. 그래서 결과적으로는 남의 아이보다 자신의 아이가 더 우월한 능력을 갖고 있기를 바란다. 부모는 아이의 지적 능력이 동등하지 않다고 생각하기 때문에 다른 아이보다 더 먼저 천재 교육, 영재 교육을 받도록 해 자신의 아이가 가진 우월한 능력이 더 빨리 발현되어 다른 아이와의 경쟁에서 승리하기를 바란다.

우리 사회에는 천재에 대한 신화가 존재한다. 다른 신화들과 마찬가지로 천재의 신화도 천재를 찾는 사회적 욕망이 있기 때문에 만들어진 것이다. 별다른 사회적 안전망 없이 무한한 경쟁만을 강요하는 사회에서 뛰어난 재능을 갖고 태어나는 것은 축복으로 이해된다. 남보다 뛰어나지 않으면 살아남지 못할 것 같은 압박감, 자식의 성공을 과시하고 싶은 욕망, 성공에 뒤따르는 경제적 보상에 대한 탐욕 그리고 사람들의 이 모든 심리를 이용해 개인을 순응적인 톱니바퀴로 만드는 지배체제가 오늘도 계속해서 천재의 신화를 재생산해가고 있다. 이 사회에서 사람들은 천재로 태어나는 것이 아니라 천재이길 강요받는다. 그렇기에 역설적으로 사람들이 누구나 갖고 있는 천재성은 말살된다. 사람들은 IQ와 학교 성적으로 뛰어난 아이인지 아닌지를 미리 재단해 버리고 얼마나 많은 돈을 학원과 과외에 쏟아부어 아이의 능력을 길러주느냐가 아이의 미래를 결정할 것이라고 믿는다. 경쟁을 통해 모든 것이 1등부터 꼴등까지 늘어선 줄 속에서 자기 자리를 배정받는다. 모든 것의 순위를 매겨야 하기 때문에 심지어는 창의력을 평가하는 시험까지 있고 그 시험에서 더 좋은 점수를 얻는 법을 가르쳐 주는 학원이 있다. 소위 전문가들은 아이들이 배워야 할 내용을 만들고 배운 지식을 평가할 기준을 정한다. 그리고 그것을 바탕으로 아이들을 가르친다. 그들은 머리가 좋고 재능이 있는 아이들이 지식이 많고 잘 가르치는 선생에게서 배운다면 약간의 노력으로도 더 많은 지식을 더 빨리 습득할 수 있을 것이라고 믿는다. 머리가 나쁘거나 환경이 나쁜 아이들은 결국 이 교육 경쟁의 대열에서 낙오해 의사, 판사,

검사, 외교관과 같은 폼 나는 직업을 갖기는 애당초 틀렸다고 말한다.

신분제 사회는 공식적으로 오래전에 끝이 났지만 현대 사회는 여전히 부모가 무엇을 갖고 있느냐에 따라 자식의 운명이 결정되는 사실상의 신분제 사회이다. 하지만 신분제 사회를 끝장낸 부르주아들은 자신들이 여전히 신분제 사회의 수혜자로 살아간다는 것을 인정하고 싶어 하지 않는다. 그들은 이 사회에서는 개인의 신분이 아니라 능력이 개인의 운명을 결정한다고 주장하고 싶어 한다. 천재 신화는 바로 이런 이유로 없어지지 않고 계속 재생산된다. 천재 신화는 개인의 운명은 개인의 능력에 의해 결정된다고 믿게 만들면서 사람들을 줄 세운 현재의 사회 체제를 계속 유지시키는 데 이용된다. 사람들은 지능이 높은 아이가 좋은 성적을 받아 좋은 상급학교에 진학하고 좋은 직업을 갖게 되는 것을 당연한 일이라고 생각한다. 학교는 이렇게 해서 계급의 사회적 재생산에 가장 충실히 복무하는 국가기구로서 기능한다. 천재 신화가 힘을 쓰는 현대 사회에서 개인들은 모두 동등한 기본적 권리와 의무를 갖는다는 점에서 평등한 존재들이지만 타고난 능력이 다르기 때문에 서로 다른 사회적 지위를 가질 수밖에 없는 불평등한 존재들로 이해된다. 이렇게 해서 사실은 인위적인 사회적 불평등이 자연적인 것으로 포장되면서 정당화된다. 모두가 동등한 능력을 가진 천재는 될 수 없다고 생각하기 때문이다.

2. 보편적 가르침

(1) 자코토의 삶

모차르트가 신동으로 이름을 떨치며 유럽 순회 연주회를 열고 다니던 1770년 프랑스 디종에서 한 남자가 태어난다. 그는 신동에 대한 사회적 인정과 찬사가 천재의 신화를 만들어낸 시대를 살면서 역으로 "모든 사람은 동등한 지적 능력을 갖추고 있다"는 생각을 바탕으로 한 교육법을 만들어낸다. 그의 이름은 조제프 자코토Joseph Jacotot이다.

자코토는 유복한 집안에서 태어나지는 않았다. 그의 아버지는 정육점에서 일하다가 나중에는 자신의 장인이 하던 목공소의 경리 일을 했다. 자코토가 공부를 할 수 있었던 것은 외할버지와 사촌 형 덕분이었다. 외할아버지는 그를 아홉 살에 중학교에 입학시키고 모든 학비를 지원했으며 고등학교 교사였던 사촌 형은 그가 학업을 계속하도록 조언을 주는 정신적 아버지의 역할을 했다. 자코토는 공부에 열의를 보였고 학업 성적에서 두 각을 나타냈다. 그는 19세에 디종 중학교의 인문학 교사가 됐고 계속해서 법학을 공부해 변호사 자격을 얻었다. 중학교 교사 생활을 하던 그는 1791년 교사 생활을 갑자기 그만두고 코트 도르 전투에 참가했고 이후 포병 대위로 복무하면서 여러 전투에 참가했다. 그 후 그는 파리에서 국방부 화약국에서 일하다가 필Pille 장군의 비서가 됐다. 그가 에콜 폴리테크니크의 교학부장 대리가 된 것은 그의 나이 스물넷이 됐을 때였다. 6개월 후 그는 디종 중앙학교(대학교 수준의 고등교육기관)의 논리학 교수가 됐으며 다음 해에는 라틴어, 히브리어와 같은 고대언어를 강의했다. 이후 디종 중앙학교가 고등학교가 되자 수학을 강의했다. 1806년에는 디종 법학 학교의 교수가 됐고 1809년에는 디종 과학 대학에서 수학을 강의한다. 1809년 그는 과학박사 학위를 취득함으로써 문학, 법학, 과학 세 영역의 박사 학위를 갖게 됐다. 사실상 모든 학문에 대한 지식을 갖고 모든 분야를 강의할 능력을 갖춘 것이다. 자유주의 사상을 가진 반항적인 독설가로 유명했던 자코토는 오스트리아 군대가 디종을 점령했을 때 인질이 되기도 했으며 1815년 나폴레옹의 '백일천하' 시기에는 주위 사람들의 압력에 밀려 국회의원으로 당선되어 활동했다. '백일천하'가 무너지고 부르봉 왕가가 복귀하자 그는 가족과 함께 당시 네덜란드의 지배하에 있던 벨기에의 브뤼셀로 떠날 수밖에 없었다. 개인교습으로 생계를 유지하던 그에게 1818년 루뱅 대학에서 프랑스어 교수 자리를 제안했다. 바로 이 대학에서 프랑스어를 가르치면서 자코토는 새로운 교육법을 완성한다.

자코토는 젊은 시절부터 오랜 시간 동안 선생으로 일을 해 왔고 능력 또한 인정받고 있었으며 스스로도 학생들을 교육하는 것을 천직으로 여기고 있었다. 당시 유럽에서는 18세기부터 교육에 대한 많은 논의들이 진행됐고 19세기에 접어들면서 강압적인 주입식 교육보다는 학생의 개성과 감성을 중요시하면서 선생과 학생 사이의 소통을 강조하는 낭만주의적 교육에 대한 사회적 관심이 커져가고 있었다. 이런 상황에서 프랑스 대혁명 이후 아이가 자발적으로 생각하면서 지성을 기를 수 있도록 선생의 개입을 최소화해야 한다는 루소Rousseau의 교육 사상이 널리 퍼져 있었기 때문에 자코토도 이런 생각을 기반으로 나름대로의 교육법을 개발하고 있었다. 루뱅 대학에서의 경험은 교육에 대한 그의 생각을 확고히 완성시키는 계기가 됐다.

자코토는 프랑스어를 가르쳐야 했지만 문제가 있었다. 학생들의 4분의 3정도가 프랑스어를 전혀 하지 못하고 네덜란드어

만을 할 줄 알았는데 자코토는 네덜란드어를 전혀 할 줄 몰랐던 것이다. 따라서 자코토는 학생들에게 프랑스어에 대해 말로 설명할 방법이 전혀 없었다. 자코토는 이 문제를 해결할 방법을 찾다가 때마침 프랑스 작가 페늘롱Fénelon이 1699년에 출판한 『텔레마코스의 모험』이란 책이 네덜란드어로 번역된 것을 발견했다. 오디세우스의 아들인 텔레마코스가 그의 스승과 함께 여행을 다니며 도덕과 정치를 배우는 내용의 매우 계몽적인 이 소설은 당시 유럽 여러 나라에서 번역 출판된 베스트셀러였다. 자코토는 이 책을 교재로 사용하기로 결정한다. 이 책은 두 개의 언어로 출판되었기에 같은 의미를 가진 프랑스어와 네덜란드어 문장들을 서로 비교하면서 볼 수 있었기 때문이다.

자코토는 프랑스어를 할 줄 아는 학생을 통역인으로 내세워 자신의 지시 내용을 학생들에게 전달했다. 번역된 네덜란드어를 통해 내용을 이해하면서 책의 프랑스어를 외우라는 것이었다. 매일 학생들은 네덜란드어 번역문을 통해 의미를 파악하면서 몇 개의 프랑스어 문장을 외운다. 그리고 외운 문장들을 거기에 해당하는 네덜란드어 문장들과 주의 깊게 비교한다. 이 과정을 통해 그들이 이해한 것을 매일 반복해 되새기면서 조금씩 외우는 문장들을 늘려 나간다. 자코토는 학생들이 제1장의 반

정도를 외우고 이해한 뒤에는 그 내용을 바탕으로 나머지 부분을 읽으면서 이해하도록 했다. 마지막에 그는 학생들에게 자신이 이해한 내용을 프랑스어로 쓰도록 했다. 자코토가 프랑스어 문법이나 철자법에 대해 아무것도 설명해 주지 않았음에도 놀랍게도 학생들은 프랑스어 문법과 철자법을 정확히 지키면서 프랑스어로 글을 쓰기 시작했다. 이 과정을 지켜본 자코토는 교육에 있어서 선생이 설명하고 가르치는 작업이 반드시 필요한 것은 아니라는 것을 깨달았다. 그리고 그는 이 깨달음을 바탕으로 '보편적 가르침Enseignement universel'이라고 이름붙인 교육법을 개발했다. 1822년 자코토는『보편적 가르침: 모국어Enseignement Universel: Langue Maternelle』를 출판한다. 이 책은 이후 계속 개정되면서 '보편적 가르침'의 가장 기본적인 설명서 역할을 한다.

설명할 필요가 없기 때문에 선생은 자신이 가르칠 내용에 대해 전혀 몰라도 된다. 이 점을 깨달은 자코토는 실제로 자신이 전혀 지식을 갖고 있지 않은 회화나 음악 같은 과목을 가르치기도 했고 자신은 말할 줄 모르는 네덜란드어로 변론하는 법을 가르치기도 했다. 교육의 성과는 학생 자신의 노력과 지적 작업에 달려 있었다. 선생은 단지 학생이 스스로 노력하고 깨달을 수 있도록 지켜보고 격려하는 역할만을 하면 됐다.

선생이 특별히 지식을 전달하는 일이 없었지만 학생들은 자코토의 강의를 들으러 몰려들었다. 자코토는 특별히 교육비를 더 받지도 않고 그에게 온 모든 사람들을 받아들여 열성적으로 가르쳤다. 루뱅의 여러 학교에서 그의 교육법을 사용하기 시작했고 마침내 네덜란드의 왕이 그의 교육법에 관심을 보였다. 1826년 국왕은 네덜란드 학자인 킨케르Kinker로 하여금 자코토의 강의를 직접 참관하고 조사해 그의 교육법의 장단점과 적용 가능한 분야들을 담은 상세한 보고서를 내무부에 제출하도록 했다. 킨케르는 보고서에서 자코토의 교육법이 일반적 교육법보다 훨씬 더 짧은 시간에 학생들이 놀라운 성과를 거둘 수 있는 방법이며 모든 학문 영역에서 적용될 수 있는 것이라고 평가했다. 자기 스스로 배운다는 자코토의 교육법이 완전히 새로운 방법이었던 것은 아니지만 독학을 부수적인 것으로 취급한 다른 교육법들과는 달리 자코토의 방법은 완전히 독학autodidaxis에 기반하고 있다는 점에서 다른 것들과 다른 독창성을 갖고 있다는 것이 킨케르의 생각이었다. 옛날 교육법들은 기본적으로 학생에게 지식을 설명하고 해석해주는 선생의 존재를 당연시하고 있었던 데 비해 '보편적 가르침'은 선생을 설명자가 아니라 학생과 함께 하며 그의 지적 욕구를 자극하는 데 만족하는 동반자로 간주한다는 것이다. 일반적 교육법들과는 완전히 다른 전제로부터 출발하기 때문에 '보편적 가르침'은 다른 교육법들과 함께 사용되기가 어렵다고 할 수 있다. 이런 이유로 킨케르는 '보편적 가르침'만을 사용하는 학교를 따로 설립할 것을 권한다(Michaud, 1844, 21-23).

네덜란드 국왕은 자코토에게 국가훈장을 수여했고 프랑스어를 사용하는 벨기에 남부지역에서 네덜란드어를 가르치기 위해 '보편적 가르침'을 적극적으로 활용할 방법을 강구하도록 한다. 1827년 3월 자코토의 교육법을 사용할 루뱅 군사사범학교가 설립되고 자코토는 그곳에서 네덜란드 군 장교들의 교육을 맡게 된다. 전통적 교육법 신봉자들의 반대가 심했지만 자코토는 국왕과 왕자의 전폭적인 지지와 지원을 받으며 장교들을 가르쳤고 두 달 만에 그는 모든 장교들이 충분히 양성됐음을 선언한다. 그는 '보편적 가르침'이 성공하기 위해서는 다른 모든 교육법들을 멀리하고 폐기해야 한다고 주장했다. 그의 배타적 태도는 다른 교육자들의 격한 반대에 부딪쳤고 이 과정에서 그는 루뱅사범학교에서 손을 떼게 되지만 그의 교육법은 유명세를 떨치게 되고 교육법을 알기 위해 유럽 각국의 정부 관료들과 학자들이 그를 찾아오기 시작한다.

1830년 벨기에를 떠나 프랑스로 돌아온 자코토는 발랑시엔과 파리에서 '보편적 가르침'을 널리 알리기 위해 노력한다. 그는 특히 읽을 줄도 모르고 쓸 줄도 모르는 가난하고 무식한 가장들이 자신의 자녀들을 가르칠 수 있도록 교육의 혜택을 받지 못한 사람들에게 그의 교육법을 전파한다. 그의 교육법의 효과가 뛰어나다는 것이 여러 학교 교육과 사교육을 통해 증명됐음에도 불구하고 그 교육법에 대한 지지자들과 반대자들 사이에 격렬한 논쟁은 끊이지 않았다. 1840년 사망한 그의 장례식은 500여 명의 지지자들이 참석한 가운데 격식을 갖춰 치러졌으며 자코토는 페르 라 쉐즈 묘지에 안장됐다. 그의 죽음과 함께 '보편적 가르침'의 방법도 서서히 잊혀졌다.

(2) 세 가지 원리

자코토는 1822년 『보편적 가르침: 모국어』을 출판한 후 음악과 회화, 수학, 외국어, 법학과 관련된 교육법을 기술한 책을 잇달아 출판한다. 그는 '보편적 가르침'에 대한 그의 생각을 '판에카스티크panécastique'란 말로 정리한다. 이것은 그리스어를 조합한 단어인데 전체πᾶν는 개별적인 것ἕκαστον안에 있다는 것을 표현한 것으로 '보편적 가르침'의 기본 원리를 담고 있다(Jacotot, 1837,

168). 여기에서는 자코토(Jacotot, 1822 & 1837)와 페인(Payne, 1830)의 책을 기반으로 자코토의 교육법 내용과 사례들을 살펴보자.

자코토의 '보편적 가르침'은 크게 세 가지 원리를 중심으로 구성된다. 첫 번째 원리는 반대자들의 아주 격렬한 비판의 대상이 됐다. 그것은 "모든 사람은 동등한 지적 능력을 갖고 있다"이다. 이 원리는 모든 인간을 이성과 인권을 가진 평등한 존재로 본 프랑스 대혁명 사상의 연장선 위에 있는 것이다. 자코토는 지적 능력의 평등함이 과학적으로 증명된 자명한 사실이라고 주장하지는 않았다. 그는 이것은 하나의 가설이며 자신의 의견일 뿐이라고 했다. 하지만 모든 사람들이 평등하지 않은 지적 능력을 갖고 있다는 것도 하나의 의견일 뿐이다. 물론 모든 사람들이 지적으로 똑같은 일이나 행동을 하지는 않는다. 어떤 사람은 다른 사람보다 더 영특하게 일을 처리하는 것처럼 보인다. 하지만 이런 사실로부터 그들의 지적 능력이 다르다고 결론 내릴 수는 없다. 지적 능력은 행동의 결과로부터 유추되는 것이 아니라 행동을 가능하게 만드는 원인에서 찾아야 하기 때문이다. 시험 성적이 더 좋다고 해서, 혹은 IQ점수가 더 높다고 해서 지적 능력이 뛰어난 것이 아니란 말이다. 그것들은 단지 지적 능력이 발현된 결과일 뿐이며 지적 능력이 발현되는 동안 잘못된 영향을 받는다면 결과는 얼마든지 달라질 수 있기 때문이다. 따라서 지적 능력의 발현 결과만을 보고 지적 능력의 불평등함을 주장할 수는 없다.

어떤 사람은 아주 어렸을 때부터 지적 능력이 발현되어 놀라운 결과를 보이다가 성인이 되면서 갑자기 그 능력을 잃어버리고 평범한 사람으로 살아가기도 하고, 어떤 사람은 어릴 때는 별로 좋은 결과를 얻지 못한 채 평범하거나 심지어는 둔하다는 평가를 들으며 지내다가 갑자기 놀라운 능력을 발휘하기도 한다. 그 이유는 아무도 모른다. 지적 능력이 어떤 방식으로 발현될지를 미리 알 수 있는 방법은 없는 것이다. 따라서 지적 능력이 불평등하다고 전제하기보다는 지적 능력이 평등하다고 전제하고 모든 사람들이 자신의 지적 능력을 발현시킬 기회를 가질 수 있도록 동등한 관심을 기울여야 한다.

자코토가 보기에 배운다는 것은 이해하는 것이고 이해한다는 것은 관계를 지어주고 연결시키는 것이다. 이것은 모든 사람들이 똑같이 갖고 있는 지적 능력이다. 따라서 지적 능력이 잘 발현되도록 돕는다면 누구나 배움에서 큰 성취를 할 수 있다. 지적 능력 자체는 더 나빠지거나 더 좋아지는 것이 아니다. 필요한 것은 자존감을 높이고 교만함을 없애며 사기를 진작시키면서 예기치 못한 질문들로 지적 능력을 일깨우는 것이다. 한번 깨어난 지적 능력은 자연스럽게 발달하면서 스스로 배우는 길로 접어들 것이기 때문이다. 모두가 똑같은 지적 능력을 갖고 있다고 가정한다면 선생은 모든 학생들이 자신의 지적 능력을 발전시킬 수 있도록 관심을 갖고 지도하게 된다.

하지만 실제 학교 교육에서는 모든 것이 반대로 진행된다. 학생들은 지적 능력이 동등하지 않다고 간주된다. 시험 성적이 좋은 몇몇 학생들은 교육을 충분히 따라올 만한 지적 능력을 가진 똑똑한 학생으로 간주되고 나머지 학생들은 교육을 따라올 능력이 없거나 둔하거나 게으른 것으로 간주된다. 지적 능력의 발현 결과를 갖고서 지적 능력의 불평등함을 전제하는 것이다. 따라서 선생은 지적 능력이 우월하다고 간주된 학생들만을 위한 교육을 하며 나머지 학생들은 교육에 방해가 되는 불필요한 존재로 여기며 관심을 두지 않게 된다. 지적으로 열등한 아이들에게 베풀 수 있는 최대한의 온정은 열등반을 만들어 그들을 위한 특수 교육을 해주는 것이거나 그들의 열등한 지적 능력에 부담을 주지 않도록 맘껏 놀게 하는 것일 뿐이다. 너무 지나친 주장이라고? 불과 100년 전만 하더라도 여성은 남성보다 지적으로 열등한 존재로 간주됐고 그런 열등한 여성을 교육시키는 것은 시간 낭비라는 생각이 지배적이었다. 실제로 여성이 자유로이 고등 교육을 받을 수 있게 된 것은 비교적 최근의 일이다. 현재도 여전히 여성이나 흑인 등은 지적으로 열등한 존재라고 생각하는 사람들이 있다. 지적으로 열등한 사람들 속에 가난한 노동자의 자녀가 포함되는 것을 보는 것도 어렵지 않은 일이다.

모든 사람의 지적 능력이 동등하다는 것은 가르침을 주는 사람과 받는 사람의 지적 능력도 차이가 없다는 것이다. 따라서 학생들이 자기보다 뛰어난 지적 능력을 가진 선생에게서 뭔가를 배운다는 것은 잘못된 것이다. 학생과 선생의 지적 능력이 동등하기 때문에 학생에게 필요한 것은 선생의 지식을 받아들이는 것이 아니라 자기 자신의 지적 능력을 해방시키는 것이다. 마찬가지로 선생에게 있어서도 자신이 알고 있는 것을 학생들에게 설명해서 알도록 하는 일이 중요한 것이 아니다. 선생이 설명을 하려고 하는 것은 학생이 자신보다 지적으로 열등하다고 생각하기 때문이다. 학생이 자신과 지적으로 동등하다고 생각한다면 설명을 해야 한다는 생각을 하지 않을 것이다. 선생이 해야 할 일은 학생들이 스스로 알고자 하는 의지를 갖고 지적 능력을 해방시키도록 돕는 일이다.

바로 여기에서 '보편적 가르침'의 두 번째 원리가 나온다. 그것은 바로 "누구나 자신이 알지 못하는 것을 가르칠 수 있다"이다. 선생과 학생의 지적 능력이 같고 선생의 일이란 것이 학생이 자신의 지적 능력을 해방시키도록 돕는 것이라면 선생이 굳이 가르칠 내용을 알고 있을 필요가 없다. 자신이 가르칠 내용을 전혀 모르는 선생은 학생에게 내용을 설명할 수 없다. 선생은 단지 학생이 스스로 배울 수 있도록 도울 뿐이다. 따라서 '보편적 가르침'이 요구하는 선생은 학습 내용을 설명하는 선생이 아니라 학생의 지적 능력을 해방시키는 선생이다.

선생이 아무것도 설명하지 않으면서 학생 스스로 자신의 지적 능력을 해방시키도록 돕는 역할을 하기 때문에 '보편적 가르침'에서 중요한 것은 학생의 의지이다. 자코토는 인간이란 "지능의 시중을 받는 의지"라고 봤다(Jacotot, 1837, 79). 이 의지가 지적 능력의 발현에 결정적인 영향을 미친다. 학생의 의지가 중요한 이유는 자코토가 보기에 교육은 배우는 것이 아니라 기억하는 것이기 때문이다. 일반적으로 사람들은 교육을 통해 학생이 선생으로부터 무엇인가를 배운다고 생각한다. 선생은 학생에게 내용을 설명하고 학생은 설명을 통해 내용을 배운다는 것이다. 하지만 '보편적 가르침'에 따르면 학생이 뭔가를 안다는 것은 설명을 듣고 배워서가 아니라 반복적인 암기를 통해 기억하기 때문이다. 단지 선생이 설명을 해 줬다고 해서 학생이 뭔가를 아는 것은 아니다. 학생이 뭔가를 알려면 그것을 자기 것으로 만들어야 한다. 다시 말해 암기해서 기억하고 있어야 한다. 그런데 사람들은 반복하는 것만을 기억한다. 따라서 선생이 해야 할 일은 내용을 설명하는 것이 아니라 학생이 같은 내용을 반복해 암기하도록 옆에서 지켜보는 일이다. 모든 인간은 자기가 완벽하게 암기하고 기억한 것들을 서로 연결시키고 그 관계를 이해하는 동일한 지적 능력을 갖고 있다. 일단 완벽히 기억된 것은 곧 이해된다. 이것이 배움의 과정이다. 이때 같은 내용을 반복해 암기하는 것은 단순한 작업이기 때문에 성공하기 위해서는 무엇보다 학생의 의지가 필요하다.

선생은 학생이 의지를 갖고 내용을 반복해 기억하고 자신이 기억하게 된 내용들이 서로 어떻게 연결되고 일정한 규칙을 보여주는지를 깨달을 수 있도록 옆에서 돕는 역할을 해야 한다. 선생은 자신이 아는 것을 설명하는 것이 아니라 학생을 주의 깊게 관찰하고 질문을 던지고 나태해지지 않도록 통제하고 암기한 내용을 이해할 수 있도록 부추겨 주는 역할을 하면 된다. 이런 역할은 학생에게 관심과 사랑을 가진 사람이라면 누구나 할 수 있는 일이기 때문에 누구나 학생을 가르치는 선생이 될 수 있다. 학생에게 관심과 애정을 갖고서 학생이 지적으로 해방될 수 있도록 돕는 사람이라면, 다시 말해 학생이 스스로 자신의 지적 능력을 사용하도록 돕는 사람이라면 누구나 선생이 되어서 자신이 전혀 알고 있지 않은 것도 충분히 가르칠 수 있다.

그렇다면 설명하지 않고 어떻게 가르칠 수 있는가? 가장 기본적인 방법은 알아야 하는 내용을 학생으로 하여금 계속 반복해 암기하도록 하는 방법이다. 자코토는 루뱅의 대학에서 프랑스어를 가르칠 때 학생들에게 『텔레마코스의 모험』을 첫 문장부터 외우도록 했다. 첫 문장은 다음과 같다. "Calypso ne pouvait se consoler du départ d'Ulysse(칼립소는 오디세우스가 떠난 것에 대해 스스로를 위로할 수 없었다)." 자코토는 첫 문장의 단어 하나하나를 반복해서 읽고 외우게 했다. 맨 처음에는 Calypso만을 외우고 그 다음에는 Calypso ne를 외운다. 학생들은 다음과 같은 순서로 단어를 하나하나 큰소리로 읽으면서 문장을 차근차근 외우기 시작했다.

Calypso -

Calypso ne -

Calypso ne pouvait -

Calypso ne pouvait se –

Calypso ne pouvait se consoler –

Calypso ne pouvait se consoler du –

Calypso ne pouvait se consoler du départ –

Calypso ne pouvait se consoler du départ d'Ulysse.

모든 학생이 첫 문장의 모든 단어를 순서대로 다 암기했다고 판단되면 그 문장을 글로 쓰게 했다. 그리고 학생들이 철자와 단어를 정확히 구분하고 각각의 단어가 문장 속에서 차지하고 있는 위치를 정확히 알고 있는지를 확인했다. 중요한 것은 학생들이 완벽하게 이 문장을 익히는 것이었다. 수많은 반복을 통해 철자 하나, 단어 하나 틀리지 않고 이 문장을 완벽하게 암기하게 되는 순간 학생들은 자신도 모르게 프랑스어를 읽는 법과 쓰는 법을 동시에 배우게 된다. 첫 번째 문장을 배운 다음에는 두 번째 문장을 똑같은 방식으로 배운다. 학생들은 반복해 말하고 글로 쓰고 암기한다. 이때 두 번째 문장만을 따로 외우는 것이 아니라 첫 번째 문장의 처음부터 시작해 단어를 순서대로 하나하나 외워나간다. 이 과정에서 학생이 전에 암기한 것을 잊어버리면 선생은 그것을 다시 읽고 쓰면서 외우도록 한다. 이런 식으로 계속해서 문장들을 외워간다. 학생은 천천히 단어와 문장을 하나하나 읽고 쓰고 외워갈수록 같은 철자와 단어들이 되풀이해 나오며 발음에 일정한 규칙이 있다는 것을 깨닫게 되기 때문에 읽고 쓰고 암기하는 작업은 점점 쉬워진다. 그리고 몇 페이지의 문장들을 읽고 쓰고 암기할 수 있게 되면 이후로는 거의 모든 프랑스 문장들을 쉽게 읽을 수 있게 된다. 이 작업이 끝나면 선생은 학생에게 철자 하나하나를 구별해 지적하도록 요구한다. 학생들은 비로소 a, b, c …를 구분하게 되는 것이다.

학생들은 먼저 a, b, c …를 배운 다음에 어떻게 그것들을 조합해 단어를 만드는지를 선생의 설명을 들으면서 배우는 것이 아니라 단어와 문장을 읽고 쓰면서 선생의 설명 없이도 a, b, c … 가 어떤 식으로 발음되며 철자가 어떻게 조합되어 단어가 되고 단어가 어떻게 조합되어 문장이 되는지를 스스로 깨닫게 된다. 그리고 관사와 명사, 형용사와 명사, 주어와 동사 등의 관계도 서서히 이해하게 된다. 이것은 일반적인 외국어 교육 순서와 정반대되는 것으로 어린아이가 말을 처음 배우는 과정과 흡사한 것이다. 어린아이는 오직 반복과 암기를 통해서 스스로 말하는 법을 깨닫고 자기가 사용하는 말의 규칙을 알게 된다. 자코토의 학생들도 같은 과정을 거쳐 스스로 프랑스어를 배우게 된 것이다.

선생은 설명하지도 않고 강요하지도 않으며 확인해 주지도 않는다. 모든 것을 학생 스스로 보고 외우고 비교하고 연습한다. 선생은 학생이 스스로 배워갈 수 있도록 도움을 주는 방식으로만 개입한다. 예를 들어 학생이 처음으로 Calypso란 글자를 글로 쓸 때 선생은 다음과 같은 방식으로 개입할 수 있을 것이다.

선생: 이 C를 잘 쓴 것이니?

학생: 아니요. 너무 작은 것 같아요.

선생: 더 잘 쓸 수 있니?

학생: 그럴 수 있을 것 같아요.

선생: 더 잘 쓰려면 어떻게 써야 하겠니?

학생: 더 크게 써야 할 것 같아요.

선생: 처음부터 잘 쓰려면 어떻게 해야 하겠니?

학생: 좀 더 주의를 기울여야죠.

이 대화는 물론 이상적인 상황이긴 하지만 주목해야 할 점은 선생이 어떤 방식으로든 자신의 생각이나 지식을 설명하거나 강요하지 않는다는 것이다. 이렇게 학생이 프랑스어를 익혀가는 동안 선생은 학생이 아는 것에 대해서만 물어본다. 다시 말해 학생이 암기하고 기억하고 이해한 것만을 물어볼 뿐 학생이 아직 알지 못하고 있는 것에 대해서는 물어보지 않는다. 선생은 학생이 아는 것을 확인하고 학생이 알았지만 잊어버린 것을 다시 알도록 자극을 주는 일만을 한다. 학생은 자신이 알고 있는 것을 바탕으로 각각의 단어들이 갖는 관계를 추론하게 되고 추상적인 문법적 관계를 깨달아간다. 그가 문법적 관계에 대한 혼동이나 의문이 생길 때는 선생에게 물어보는 것이 아니라 자신이 처음 암기했던 책의 문장들을 다시 살펴보도록 한다. 수많은 반복 학습을 통해 이미 완벽히 익힌 책의 문장들 속에서 그는 추상적 문법 관계를 이해할 수 있는 구체적 사례를 찾게 된다.

자코토의 '보편적 가르침'은 구체적이고 간단한 사실에 대한 완벽한 기억과 습득에서부터 시작해 추상적이고 일반적인 개념과 법칙의 발견으로 학생이 스스로 나아가도록 하는 방법이다. 하나를 완벽하게 배우게 되면 모든 것을 그것에 연결시켜 알 수 있다는 것이 자코토의 생각이다. 여기에서 '보편적 가르침'의 세 번째 원리가 나온다. 그것은 바로 "모든 것은 모든 것 안에 있다"이다. 이것은 전체는 개별적인 것 안에 있다는 말로도 이해될 수 있다. 하나를 배우면 열을 안다. 신동이나 천재를 가리키기 위해 사용되는 이 말은 자코토의 관점에서 본다면 사실은 모든 사람이 가진 능력을 보여주는 말이다. 모든 사람은 하나를 배우면 열을 안다. 여기에는 한 가지 조건이 있다. 그것은 그가 그 하나를 완전하게 알아야 한다는 것이다. 하나를 완전하게 안다면 누구나 그 하나를 바탕으로 열뿐만 아니라 세상의 모든 것을 알 수 있다. 왜냐하면 세상의 모든 것은 연결되어 있기 때문이다.

학생은 『텔레마코스의 모험』의 처음 몇 개의 문장들의 단어와 철자를 완벽하게 알게 됨으로써 프랑스어를 읽는 법을 알게 된다. 단 한 개의 문장을 완전하게 쓸 줄 알게 됨으로써 프랑스어를 쓰는 법을 알게 된다. 제1장을 완전히 앎으로써 책 전체를 알게 된다. 마침내 책 전체를 완전히 앎으로써 프랑스어를 알게 된다. 다음은 제1장을 시작하는 문장들이다. 이 몇 개 안되는 문장들을 완전하게 앎으로써 학생이 알 수 있게 되는 것들이 무엇일지 생각해보자.

"Calypso ne pouvait se consoler du départ d'Ulysse. Dans sa douleur, elle se trouvait malheureuse d'être immortelle. Sa grotte ne résonnait plus de son chant: les nymphes qui la servaient

n'osaient lui parler. Elle se promenait souvent seule sur les gazons
fleuris dont un printemps éternel bordait son île: mais ces beaux
lieux, loin de modérer sa douleur, ne faisaient que lui rappeler le
triste souvenir d'Ulysse, qu'elle y avait vu tant de fois auprès d'elle.
Souvent elle demeurait immobile sur le rivage de la mer, qu'elle
arrosait de ses larmes; et elle était sans cesse tournée vers le côté
où le vaisseau d'Ulysse, fendant les ondes, avait disparu à ses
yeux."

　"칼립소는 오디세우스가 떠난 것에 대해 스스로를 위로할 수 없
었다. 고통 속에서 그녀는 자신이 불사신인 것이 불행하다고 느
꼈다. 그녀의 동굴에는 더 이상 그녀의 노래 소리가 울리지 않았
다. 그녀를 돌보는 요정들은 감히 그녀에게 말을 걸지 못했다. 그
녀는 종종 홀로 꽃이 핀 풀밭 위에서 산책을 했다. 그곳의 영원한
봄이 그녀의 섬을 둘러싸고 있었다. 그러나 이 아름다운 장소들
은 그녀의 고통을 완화시키기는커녕 그녀에게 오디세우스의 슬
픈 추억을 상기시키기만 했다. 그녀는 그곳에서 자신의 곁에 있는
그를 수없이 봤었다. 종종 그녀는 바닷가에서 움직이지 않고 있었
다. 그곳에서 그녀는 자신의 눈물을 뿌렸다. 그리고 그녀는 오디
세우스의 배가 파도를 헤치면서 자신의 눈에서 사라진 쪽을 쉼 없

이 돌아봤다."

이 문장들을 완전히 알게 된 학생에게 선생은 다음과 같은 방식으로 질문을 던질 수 있다. 먼저 첫 번째 문장에 대해 이렇게 물어볼 수 있다.

선생: 누가 떠났는가?

학생: 오디세우스.

선생: 누가 슬퍼하는가?

학생: 칼립소.

선생: 왜 칼립소는 슬퍼하는가?

학생: 오디세우스가 떠났으니까.

선생: 칼립소는 오디세우스를 사랑하는가?

학생: 예.

선생: 어떻게 그것을 아는가?

학생: 칼립소는 오디세우스가 떠난 것에 대해 슬퍼하니까.

선생: 그녀는 조금 슬퍼하는가, 아주 많이 슬퍼하는가?

학생: 아주 많이.

선생: 어떻게 그것을 아는가?

학생: 칼립소는 스스로를 위로할 수 없고 자신이 불행하다고 느끼
니까.

이런 방식으로 문장 하나하나의 의미를 물어보면 학생은 스
스로 문장의 의미는 물론 문장과 문장 사이의 의미를 파악하고
결국 주인공의 감정과 성격, 주인공들의 관계, 글 전체가 전달하
는 이야기의 의미를 파악하게 된다. 결국 구체적인 행위들을 묘
사하는 문장들을 완전히 이해하게 되면 학생은 그것들로부터
어떤 감정이나 개념, 관계를 추상화, 일반화할 수 있다. 이것은
학생이 남들보다 특별한 지적 능력을 갖고 있어서 가능한 것이
아니라 모든 사람이 그런 지적 능력을 갖고 있기 때문에 가능한
것이다. 모든 사람은 많은 구체적인 경험들을 해왔고 그 경험과
그가 문장에서 얻은 지식을 연결시킬 줄 알기 때문이다. 예를
들어 다음과 같은 방식으로 학생은 슬픔이란 개념을 추상화, 일
반화시킬 수 있다.

선생: 이 문장들을 다 읽고 나서 느끼는 감정은 무엇인가?
학생: 슬픔.
선생: 슬픔이란 무엇인가?

학생: 슬픔이란 누군가가 우리 곁을 떠났을 때 느끼는 감정입니
다. 슬픔을 느낀 사람은 혼자 있고 싶어 하고 즐거운 일을
하지 않으려 해요.

선생: 왜 슬픔이란 누군가가 우리 곁을 떠났을 때 느끼는 감정이
라고 말하는가?

학생: 왜냐하면 오디세우스가 떠난 뒤에 칼립소가 스스로를 위로
할 수도 없었고 불행하다고 느꼈으니까.

선생: 왜 슬픔을 느낀 사람은 혼자 있고 싶어 한다고 말하는가?

학생: 칼립소가 혼자 풀밭 위를 걷고 바닷가에 혼자 있었으니까.

선생: 왜 슬픈 사람은 즐거운 일을 하지 않으려 한다고 말하는가?

학생: 칼립소가 노래도 부르지 않고 아름다운 꽃밭에서도 슬퍼하
니까.

학생은 감정을 추상화시킬 수 있을 뿐 아니라 자신이 추상화
한 개념을 정당화할 수도 있게 된다. 학생은 구체적인 것을 완
전히 알고 나서 자신이 알게 된 것을 바탕으로 여러 요소들을 관
계 지으면서 자신이 모르던 것을 알아가게 된다. 자코토가 보
기에 특별한 재능을 가진 것처럼 보이는 사람은 이 요소들을 더
빠르고 적합하게 연결 지을 수 있는 사람이다. 하지만 그것들

을 연결 지을 수 있는 지적 능력은 모두 동등하게 갖고 있다. 학생은 이렇게 지식을 얻게 되는 모든 과정을 스스로의 힘으로 이뤄간다. 자신이 전혀 알지 못하는 것을 외우기 시작하는 초기에 학생은 매우 큰 어려움과 고통을 경험할 수 있다. 하지만 천천히 그리고 쉼 없이 단어와 문장을 하나하나 외워갈수록 처음에는 완전히 불가능하고 어렵게만 보였던 것을 조금씩 달성해 간다는 것을 느끼게 된다. 그리고 그런 성공은 누구의 설명도 듣지 않고 온전히 자신의 의지와 노력으로 이뤄낸 것이기에 기쁨과 만족감도 무척 커진다. 일단 하나의 도전에 성공하게 되면 다른 도전을 시작하는 것이 두렵지 않게 되고 나아가 도전할 영역을 찾아 나서게 된다.

설명하는 선생의 존재를 부정하고 모든 이가 동등한 지적 능력을 갖고 있기 때문에 혼자서 하나의 사실을 완전히 깨달음으로써 모든 것을 깨우칠 수 있다는 것을 보여준 자코토의 교육법은 너무나 혁명적이었고 과격했기 때문에 신봉자들에게는 거의 종교와 같은 절대적 믿음의 대상이 됐지만 다수의 사람들에게는 이상한 호기심의 대상에 그치거나 터무니없는 몽상으로 취급됐다. 당시 사람들은 학생들이 어느 정도 자발성을 갖고 자신이 배운 것을 알려고 하는 의지를 보여주는 것은 받아들일 수 있었지만 설명하는 선생의 존재를 부정하는 것은 이해할 수도, 용납할 수도 없었다. 사람들은 자코토가 실제로 보여준 성과들과는 달리 자코토의 방법이 능력과 의지가 뛰어난 소수의 사람들에게만 적합한 방법이라고 생각했다. 게다가 자코토만큼 그 방법을 효과적이고 적절하게 사용할 수 있는 선생이 매우 드물었다. 대부분의 경우 '보편적 가르침'을 사용하는 선생들은 결국 단순히 암기를 강조하거나 지루하고 이상한 질문들을 해대는 수준에 미물고 말았다(Théry, 1858).

자코토의 교육법이 사용되지 않고 사장된 가장 큰 이유는 그의 방법이 전통적 교육법의 기반 자체를 전복시키는 원리들을 중심으로 만들어졌기 때문이다. 모든 사람의 지능을 동등한 것으로 전제하고, 설명하는 선생의 존재를 부정하는 것은 받아들이기 어려운 것이었다. 따라서 자코토의 방법에 따라 교육을 받아 큰 효과를 본 사람들조차도 모든 사람의 지능은 동등하다라는 전제만은 받아들이려 하지 않았다. 전통적 교육법에 익숙했던 사람들은 그의 혁명적 방법이 실제로 아무리 좋은 효과를 보여준다고 해도 그것을 받아들이기가 쉽지 않았다. '보편적 가르침'에 대한 교육계의 불신과 편견이 너무나 컸기 때문에 '보편적 가르침'을 통해 배운 학생들과 부모들은 학교에서 불이익을 받을까 두려워 그 사실을 알리지 못했고 가정 등에서 사적으로 행되던 '보편적 가르침'은 시간이 감에 따라 사라져 갔다. 결국 '보편적 가르침'은 자코토가 죽은 후 얼마 가지 않아 완전히 잊혀지고 만다.

3. 미트라의 실험

자코토와 그의 교육법이 잊혀진 지 160여 년이 흐른 뒤 전혀 다른 사회적 맥락 속에서 자코토의 교육법과 유사한 방법을 이용한 실험이 진행된다. 수가타 미트라Sugata Mitra는 인도의 물리학자이자 컴퓨터공학자로 인지과학과 교육기술에 큰 관심을 갖고 있다. 그는 1999년 뉴델리에서 한 가지 실험을 시작한다(Mitra & Vivek, 2001). 당시는 컴퓨터와 인터넷이 빠르게 보급되고 있던 시기였다. 하지만 대부분의 인도사람들에게 있어서 그것들은 경제적인 이유 때문에 접근하기 힘든 것이었다. 미트라는 뉴델리에 있는 자신의 사무실 담벼락에 누구나 사용할 수 있는 컴퓨터를 설치하기로 했다. 최신 컴퓨터에는 고속 인터넷을 연결시켰다. 담벼락에 구멍을 내고 모니터와 조작을 위한 터치 패드를 노출시켰다. 미트라의 사무실은 뉴델리의 빈민가에 면하고 있었고 그 지역에 사는 사람이라면 누구나 길거리에 노출된 컴퓨터를 만질 수 있었다.

설치된 컴퓨터에 대해서 가장 큰 관심을 보인 것은 빈민가의 아이들이었다. 반대로 어른들은 전혀 관심을 보이지 않았다. 컴퓨터가 설치되는 것을 본 아이들은 그것이 비디오게임기인지, 그것으로 무엇을 할 수 있는지 등을 물었다. 하지만 미트라는 단지 "재미 있는 기계"라는 답변만을 한 채 아이들에겐 아무것도 알려주지 않았다. 영어가 기본 언어로 나오는 컴퓨터 앞에서 영어를 할 줄 모르는 아이들이 어떤 설명도 듣지 못한 채 모여들기 시작했다. 그들은 터치 패드를 만지면서 그것이 커서를 움직이게 한다는 것을 깨닫게 되고 화면 위에 나타나 있는 특정한 도형에 커서를 대고 두 번 클릭을 하면 새로운 창이 열린다는 것을 배워갔다. 먼저 컴퓨터를 만져서 특정한 지식을 획득한 아이는 늦게 온 아이에게 자신이 아는 것을 가르쳤다. 아이들은 항상 집단으로 길거리의 담벼락에 설치된 컴퓨터 앞에 모여 앉아 자신이 아는 것을 말하고 정보를 교환하면서 스스로 컴퓨터와 인터넷 사용법을 배워갔다.

'벽에 난 구멍Hole-in-the-wall'이라고 명명된 이 실험은 이후 인도 전역에서 진행됐다. 어느 지역이든 결과는 같았다. 아이들은 아무런 정보도, 설명도 듣지 못한 상태에서 자신이 모르는 언어가 표시되는 컴퓨터 앞에 모여들어 스스로 탐사하고 연습하면서 컴퓨터 조작법을 배워갔다. 아무도 컴퓨터를 본 적이 없는 인도 북동부의 작은 농촌 마을인 마단투시에서는 70명의 초등학교 학생들에게 컴퓨터와 CD가 주어졌다. 그 지역에는 인터넷 서비스가 되지 않았기 때문에 컴퓨터로 이용할 수 있는 여러 종류의 CD를 준 것이다. 컴퓨터와 CD의 언어는 모두 영어로 되어 있었다. 물론 아이들은 영어를 전혀 알지 못했다. 미트라는 아이들에게 어떤 설명도 하지 않은 채 그곳을 떠났다. 미트라가 석 달 후에 다시 그곳에 찾아갔을 때 아이들은 컴퓨터로 게임을 하고 있었다. 미트라를 본 아이들은 더 빠른 프로세서와 더 좋은 마우스가 필요하다고 말했다. 아이들이 어떻게 그 사실을 알았을까? 그들은 컴퓨터와 CD를 사용하면서 영어를 스스로 배웠고 더 빠른 프로세서와 더 좋은 마우스가 컴퓨터 사용을 더 편하게 할 수 있도록 해준다는 것을 알게 된 것이다. 전혀 영어를 할 줄 모르던 아이들은 발음은 조금 어색했지만 어법에 맞게 영어를 말하고 있었다. 컴퓨터의 언어가 영어로 되어 있었기 때문에 컴퓨터를 사용하기 위해서는 영어를 배울 수밖에 없었던 것이다. 그들은 200개 정도의 단어를 사용해 영어를 했으며 일상생활에서도 사용하고 있었다. 아이들은 모든 것을 스스로 가르치고 배운 것이다.

2002년 히드라바드에서는 도시의 슬럼가에 위치한 한 학교에 다니는 12-16세의 남자 아이 8명과 여자 아이 8명이 실험에 참가했다(Mitra et al, 2003). 이 학교는 모든 수업을 영어로 진행하는 학교였기 때문에 아이들의 모국어는 우르두어 또는 텔레구어였지만 아이들은 영어를 읽고 말할 줄 알았다. 학교 안의 조용한 장소에 컴퓨터가 설치됐고 컴퓨터에는 영어 학습 프로그램이 설치됐다. 아이들이 프로그램에 나오는 영어 발음을 따라 하고 그 발음을 인식할 수 있도록 하는 장치가 설치됐다. 그리고 '사운드 오브 뮤직', '마이 페어 레이디', '나바론 요새', '왕과 나'라는 네 편의 영화도 컴퓨터에 설치됐다. 아이들이 영화를 통해 표준 영어발음을 들으며 즐거운 시간을 보낼 수 있도록 한 것이다. '나바론 요새'를 제외한 세 편의 영화는 교육과 관련된 내용을 담은 것이다. 아이들은 일주일에 세 시간을 컴퓨터 앞에서 보냈다. 어떤 어른도 그들이 컴퓨터를 갖고 놀거나 학습하는 동안 개입하지 않았다. 5개월 후 아이들은 표준 영어 발음을 구사하기 시작했다. 아이들은 어느 누구의 간섭이나 설명도 듣지 않고 스스로 공부하면서 영어 발음을 놀라울 정도로 개선시킨 것이다.

2006년 미트라는 또 다른 실험을 시작한다. 이번에는 아이들이 컴퓨터 조작이나 영어와 같이 비교적 단순하고 실용적인 내용이 아니라 추상적인 개념들을 다루는 기초 분자생물학을 배울 수 있는지를 보는 것이었다(Mitra & Ritu, 2010). 인도 남부에 위치한 칼리쿠팜이란 작고 낙후된 마을의 아이들이 주인공이 된다. 칼리쿠팜에는 5세에서 15세 사이의 아이들이 150명가량 살고 있다. 그들은 타밀어를 사용하고 있으며 영어는 말할 줄 모른다. 그들 중 10세에서 14세 사이의 아이 34명이 무작위로 선발됐다. 미트라는 마을 공동 공간에 컴퓨터를 한 대 설치하고 인터넷에서 구할 수 있는 영어로 된 분자생물학 자료들을 넣어 두었다. 그리고 아이들에게 이렇게 말하고 떠난다. "컴퓨터에 뭔가 재미있는 것이 있는데 영어로 되어 있어서 좀 이해하기가 어려울 거야. 하지만 한번 들여다볼래?" 아이들에게 분자생물학을 배우라는 직접적인 요구는 전혀 하지 않았다. 그리고 75일 후에 마을로 돌아와 아이들이 얼마나 분자생물학을 이해하는지를 알기 위해 시험을 치른다. 그리고 이번에는 그 지역에 사는 젊은 여성에게 아이들을 돌봐 줄 것을 부탁한다. 그 여성은 마을에서 NGO활동을 하면서 마을 아이들과 잘 알고 지내고 있으며 아이들을 잘 대해주고 있는 사람이었다. 그녀는 분자생물학에 대해서는 아무런 지식도 갖고 있지 않았다. 미트라가 그녀에게 요구한 것은 아이들이 배우는 과정에서 격려의 말을 하는 일이었다. 그녀는 분자생물학에 대해서 전혀 모르고 있기 때문에 아이들을 가르칠 수 없었으며 가르치려는 시도를 해서도 안됐다. 그녀는 "나도 그렇게 할 수 있으면 좋겠다," "너는 그것을 어떻게 알았니?," "나라면 그것을 전혀 몰랐을거야," "이것을 나에게 쉽게 설명해 주겠니?" 등의 말을 하면서 아이들이 공부에 흥미를 유지하고 집중할 수 있도록 돕는 단순한 중개자mediator 역할을 했다. 75일 후에 미트라는 다시 돌아와 분자생물학 시험을 통해 아이들이 얼마나 내용을 이해하는지를 검사했다.

미트라는 칼리쿠팜 아이들이 치른 것과 동일한 시험을 두 개의 다른 학교 학생들에게도 치르게 했다. 한 학교는 중산층 이하가 사는 작은 농촌 마을의 공립학교였고 다른 학교는 뉴델리의 상류층 자녀들이 다니는 사립 '엘리트 학교'의 학생들이었다. 이 두 학교 학생들은 교사에게서 기초 분자생물학을 정규 교과목으로 배우고 있었다. 아이들끼리만 컴퓨터를 갖고 배웠던 처음 75일 후의 시험 결과와 젊은 여성이 격려하는 관찰자 역할을 한 나중의 75일 후의 시험 결과는 미트라의 예상을 뛰어넘는 것이었다. 첫 번째 시험 결과는 공립학교의 16세 아이들의 성적과 같았으며 사립학교의 10-14세 아이들의 성적에 조금 못 미쳤다. 격려하는 관찰자와 함께 한 75일 후의 두 번째 시험 결과는 공립학교 16세 학생들의 성적을 훨씬 뛰어넘었으며 사립학교 10-14세 아이들의 성적과 동일한 수준이었다. 아이들은 아무도 설명해 주는 사람이 없는 가운데 스스로의 힘으로 자신이 모르는 언어인 영어로 된 자료들을 보면서 기초 분자생물학을 배운 것이다. 아이들이 컴퓨터를 사용한 시간은 평균적으로 하루 2시간 정도였으며 그 2시간 중 대부분은 게임 같은 것을 하며 보냈다. 기초 분자생물학을 공부한 것은 20-30분 정도였다. 그렇지만 그들의 학습 결과는 훌륭한 시설의 사립학교에서 능력 있고 동기 부여된 교사에게서 설명을 들으며 체계적으로 배운 같은 나이의 학생들과 동등한 수준이었다. 미트라의 실험은 교사의 체계적 설명을 듣지 않고도 아이들 스스로가 추상적이고 전문적인 학문 내용을 배울 수 있다는 것을 보여준다. 또한 아이들을 애정 어린 시선으로 지켜보면서 격려해 주는 사람이 있다면 학습 성과는 훨씬 더 좋아질 수 있다는 것도 보여준다. 비록 그가 학습 내용에 대해 아무런 지식이 없는 사람이라도 말이다.

지난 10여 년 동안 인도 곳곳에서 진행된 '벽에 난 구멍' 실험은 이제 사회적, 문화적 환경이 다른 나라들에서도 진행되면서 유사한 결과를 보이고 있다. 미트라는 이처럼 컴퓨터, 인터넷과 같은 디지털 기기의 도움을 받아 아이들 스스로 학습하는 방법을 '최소 개입 학습minimally invasive learning' 혹은 '자기 조직 학습 체계self-organising learning system'라고 부른다. 그는 동일한 이미지가 주기적으로 계속 재생산되는 프랙털 이미지처럼 인간의 뇌도 뉴런들이 서로 연결된 체계이기 때문에 하나를 배우는 과정이 다른 것들을 배우는 과정에서도 동일하게 반복될 수 있다고 본다. 작은 세포 하나에 우주의 모습이 담겨 있다. 세포에서 우주에 이르기까지 모든 자연의 요소들이 스스로 조직되는 속성을 가진 것처럼 학습도 스스로 조직되는 속성을 갖고 있다는 것이 미트라의 생각이다.

미트라의 실험과 그 실험을 가능하게 하는 전제들 그리고 놀라운 결과들은 자코토의 '보편적 가르침'을 생각나게 한다. 자코토의 학생들에게 『텔레마코스의 모험』이 유일한 선생이자 배움의 원천이었다면 미트라의 아이들에게는 컴퓨터와 인터넷이 유일한 선생이자 배움의 원천이다. 어떤 선생도 아이들의 자발적 학습에 개입하지 않는다. 선생이 아이들을 지도하면서 설명하는 것은 불필요한 일이다. 아이들에게는 옆에서 따뜻한 말로 용기를 북돋아 주고 배운 내용을 환기시켜 주는 사람만 있으면 된다. 아이들은 스스로 배우고 지식을 쌓아간다. '자기 조직 학습'이 전제하고 있는, 모든 것이 연결돼 있고 부분이 전체의 모습을 갖고 있다는 생각은 '보편적 가르침'의 원리인 "모든 것은 모든 것 안에 있다"에서 원래 모습을 발견할 수 있을 것이다. '최소 개입 학습'에서는 아는 것이 없기 때문에 설명할 수도 없고 설명할 필요도 없는 선생을 필요로 한다. 단지 아이들을 지켜보고 격려함으로써 누구나 자신이 모르는 것을 가르칠 수 있는 것이다. 자코토가 '보편적 가르침'을 통해 가난한 가정의 부모들이 아이들을 교육시킬 수 있는 기회를 얻기 바란 것처럼 미트라는 컴퓨터와 같은 교육적 도구를 통해 소외 지역의 아이들이 교육에서마저도 소외되는 일은 없기를 바란다.

미트라의 실험에서는 자코토의 교육과는 다른 점도 발견된다. 자코토가 개개인의 동등한 지적 능력을 믿었고 배우고자 하는 개인의 의지를 강조했다면 미트라는 개인보다는 집단의 힘을 믿는다. 아이들은 집단적으로 컴퓨터를 사용한다. 그들은 컴퓨터 앞에서 대화를 나누면서 서로 자신이 아는 것을 가르쳐주고 정보를 교환하면서 다 함께 알아간다. 처음에는 개인별 차이가 있을 수 있지만 집단내의 상호작용을 통해 개인별 차이는 줄

어들고 집단의 구성원들은 모두 동일한 수준의 지식을 축적해 간다. 컴퓨터를 먼저 접한 여섯 살의 아이가 열두 살의 아이를 가르치고 열두 살의 아이는 자신이 먼저 깨달은 것을 여섯 살의 동생에게 알려준다. 아이들은 함께 컴퓨터를 사용하며 즐기고 싶어 하는 것이다. 아이들은 함께 놀면서 함께 배운다.

인도의 외교관이자 소설가인 비카스 스와루프Vikas Swarup는 미트라의 실험에서 영감을 얻어 『Q & A』를 집필한다. 뭄바이의 돈 한 푼 없는 웨이터가 인도 최대의 텔레비전 퀴즈 쇼에 참가해 우승하고 백만장자가 된다는 내용의 이 소설은 곧 베스트셀러가 됐다. 소설을 바탕으로 만들어진 영화 『슬럼독 밀리어네어』는 세계적인 성공을 거두며 2009년 아카데미상 8개 부문을 휩쓴 영화가 됐다. 인도의 빈민가에서 태어나 학교를 다닌 적도 없이 구걸과 도둑질로 어린 시절을 보낸 자말은 다국적 회사의 차심부름꾼으로 일하면서 어릴 적 첫사랑의 여인을 찾기 위해 인도 최대 텔레비전 퀴즈 쇼에 참가한다. 자말은 모두의 예상을 깨고 쟁쟁한 경쟁자들을 물리치며 어려운 문제들을 하나하나 맞춰 나간다. 모든 문제들을 맞출 수 있었던 자말의 지식은 어디에서 온 것인가? 그것은 자말이 거리에서 살면서 보고 듣고 배운 것들에서 온다. 영화에서는 학교의 정규 교육과 책을 통해 배운 지식과 길거리에서 몸으로 부딪치면서 배운 지식이 충돌하고 결국 길거리 지식이 학교 교육의 지식을 이기는 것을 보여준다. 모든 사람들은 자말을 의심한다. 학교도 다니지 못한 빈민가 청년이 고귀한 직업을 가진 사람들도 알지 못하는 문제를 알아맞힌다는 것은 '상식적으로' 불가능하기 때문이다. 사회자는 그가 탈락하기를 바라며 거짓 답을 알려주고 경찰은 퀴즈 쇼 도중 그를 체포해 조사한다. 하지만 자말의 지식은 그의 삶이 그에게 가르쳐 준 것으로 온전히 그의 것이다. 퀴즈 쇼를 통해 자말은 지적 능력이 계급에 의해 미리 결정되어 있지 않다는 것과 거리의 지식이 학교의 지식만큼이나 가치가 있다는 것을 보여준다. 중요한 것은 얼마나 자신의 의지로 삶을 충실히 사는가 하는 것이다.

자말의 이야기가 비록 미트라의 실험에서 영감을 얻은 것이고 지적 능력이 정규 교육과 관계없이 발현될 수 있다는 것을 보여주지만 자코토와 미트라는 아마 자말의 이야기를 그다지 마음에 들어 하지 않을 것이다. 왜냐하면 그들이 꿈꾸는 교육이란 단지 퀴즈를 맞히는 단순 지식의 습득을 의미하는 것이 아니기 때문이다. 그들은 정치적, 경제적, 사회적, 문화적 이유로 자신의 지적 능력을 펼 기회를 갖지 못한 사람들에게 지적 능력을 해방시킬 기회를 주고자 했다. 그들은 유전학과 생물학의 가면을 쓰고 사람들의 지적 능력은 선천적으로 불평등하기 때문에 교육의 편차가 발생하는 것은 당연하다고 주장하는 고착의 논리에 맞서 모든 사람은 잠재적으로 동등한 지적 능력을 갖고 있기 때문에 스스로 말하고 생각하고 배울 수 있게 된다면 더 많은 사람들이 더 충만한 삶을 살 수 있는 더 나은 사회가 만들어질 수 있다는 변화의 논리를 펼쳤다. 그것은 같은 자리를 맴도는 원의 논리가 아니라 조금씩 길을 비껴가면서 변화하는 나선의 논리이다.

제2장
아스팔트 아래 해변의 꿈

1. 68운동

1968년 3월 22일 142명의 학생들이 프랑스 파리 근교의 낭테르 대학교의 본부 건물 맨 위층을 점거한다. 그 전날 미국의 베트남 전쟁을 반대하는 거리 시위에서 두 명의 학생이 경찰에 체포된 것에 항의하기 위해서였다. 이날 모든 형태의 억압에 반대하는 선언문이 채택되고 1,500명의 학생들이 서명을 한다. '3월 22일 운동'이라고 명명된 이 사건은 프랑스 68운동의 시작을 알렸다.

'3월 22일 운동'은 우발적으로 일어난 사건이 아니었다. 이미 수년 전부터 유럽과 미국 곳곳에서 학생들의 산발적인 저항 운동이 일어나고 있었다. 미국이 개입한 베트남 전쟁에 대한 반대, 소련의 스탈린주의에 대한 비판, 마오쩌둥이 주도한 중국 문화혁명에 대한 환상 속에서 각국의 학생들은 자유, 평화, 인권을 내세우며 경직된 정치체제와 기성세대를 공격하고 거부하는 움직임에 참여하고 있었다. 제2차 세계대전 종전 이후 20여 년에 걸친 경제적 호황기에 태어나 성장한 전후 세대들이 기존 사회체제를 억압적이고 권위적인 것으로 인식하고 그것에 순응하는 것을 거부하고 변화를 요구하기 시작한 것이다(Gilcher-Holtey, 2008/2009).

'3월 22일 운동'이 일어나기 일 년 전인 1967년 3월 21일 낭테르 대학 기숙사의 남학생들이 여학생 기숙사를 점거한다. 당시는 남학생과 여학생의 분리가 엄격히 강제되고 있었고 남학생이 여학생 기숙사에 들어가는 것은 금지되어 있었다. 기숙사를 점거한 학생들은 성적인 억압에 반대하며 성의 자유를 요구했다.

낭테르 대학교는 1960년대 들어 급속히 증가하는 대학생 수에 의해 한계에 부딪친 소르본 대학교의 부담을 덜어주기 위해 1964년 설립됐다. 파리 서쪽 외곽에 위치한 낭테르 지역에 넓은 부지를 확보하고 지어진 낭테르 대학교 인근에는 도심에서 밀려난 사람들이 사는 빈민촌이 자리하고 있었다. 새로 지어진 낭테르 대학은 밀려드는 학생들로 인해 강의실과 교수 부족에 시달리고 있었다. 학생들은 황량하고 열악한 교육 환경 속에서 자신들의 생활이나 생각과는 동떨어진 낡은 교칙에 의해 억압받고 있었으며 매일 빈민촌을 바라보면서 사회와 자신의 미래에 대한 문제의식을 갖게 됐다.

1967년에 낭테르 대학의 학생 수는 12,000명이었지만 강의실 좌석 수는 10,000개에 불과했다. 11월 17일 낭테르 대학의 사회학과 학생들이 10일간 수업거부를 한다. 이들은 학생 수에 비해 턱없이 부족한 강의실을 비판하며 학생들이 대학 운영에 참여하게 해 줄 것을 요구했고 '대학의 산업화'를 지향하는 교육부의 대학교육 개혁안을 거부했다. 계속되는 학생들의 기숙사와 강의실 점거에 대학 당국은 경찰의 도움을 빌려 주동자 색출에 나서기 시작했다. 블랙리스트가 작성되고 해당 학생들의 수업 참가를 거부하라는 지시가 교수들에게 내려졌다.

1968년 1월 8일 체육청소년부 장관인 프랑수아 미소프François Missoffe가 낭테르 대학의 수영장 개관식 행사에 참석했다. 행사를 마친 후 건물을 떠나려는 장관 앞에 한 무리의 학생들이 나타났다. 그들 중 빨간 머리 학생이 걸어 나와 장관에게 다가갔다. 학장이 멱살을 잡아 끌어내려 했지만 성공하지 못했다. 학생은 장관에게 담배를 피울 불을 빌려달라고 했다. 장관에게서 빌린 불로 담배에 불을 붙여 한 모금 연기를 빨아 내뿜은 후 학생은 청년 문제에 대해 장관이 발표한 보고서에 학생의 성문제가 언급되지 않았음을 지적했다. 장관은 그렇게 성에 고민이 많다면 수영장에 뛰어들어 뜨거운 몸을 식히라고 충고했다. 장관의 충고는 나치 청년단에 대한 히틀러의 금욕 요구를 연상시켰기 때문에 곧바로 학생들의 분노를 샀다. 학생들은 장관과 학장을 '나치'라고 부르며 대학관계자들과 충돌했다.

　빨간 머리 학생은 68운동에서 대표적인 학생 시위 주동자로 떠오른 독일계 유태인 콘 벤디트Cohn-Bendit였다. 콘 벤디트는 '3월 22일 운동'의 주동자들 중 한 명이었다. 3월 22일 대학 본부가 점거되는 사건이 발생하자 대학 측은 경찰의 학교 출입을 허용하고 4월 1일까지 휴강을 결정했다. 하지만 4월 1일 강의가 재개된 이후에도 학생들은 강의실을 점거하고 자유로운 토론과 총회를 열어나갔다. 이런 일련의 시위들은 좌파계열 학생들이 주도하고 있었지만 정작 프랑스 공산당은 이를 부정적으로 평가했다. 4월 26일 공산당 중앙위원회 위원인 피에르 쥐켕Pierre Juquin이 "유복한 마마보이 시위대가 노동자 자식들이 시험 치는 것을 방해한다"라는 연설을 하는 도중 낭테르 학생들에 의해 쫓

겨나는 수모를 겪었다. 5월 2일 학생들은 낭테르 대학 강당을 점거했다. 그라팽Grappin 학장은 휴교 조치를 내리고 콘 벤디트를 비롯한 학생 8명을 징계했다. 이것은 낭테르 대학의 시위를 다른 대학들로 확산시키는 결과를 가져왔다.

5월 3일 500여 명의 학생들이 소르본 대학에서 집회를 열었다. 대학은 학생들을 해산시키기 위해 경찰을 불렀다. 경찰이 소르본 안에 들어온 것은 전례가 없는 일이었다. 경찰과 학생들 사이의 충돌이 일어나자 주변에 있던 학생들이 자발적으로 참여하면서 시위가 걷잡을 수 없이 커졌다. 5월 6일 거리 시위에 학생들뿐만 아니라 노동자, 실업자, 고등학생들까지 참가하기 시작했다. 이제 시위는 학생들의 불만 표출의 수준을 넘어 다양한 직업과 계급을 가진 사람들의 전반적인 개혁 요구를 담은 사회운동으로 발전한 것이다. 5월 10일에는 파리 도심 거리에 바리케이드가 설치되고 차량이 불에 탔다. 경찰과 학생들 사이의 충돌은 텔레비전과 라디오를 통해 생생히 중계됐고 경찰의 폭력적인 시위 진압에 시민들도 분노를 표하면서 학생들 편에 서기 시작했다.

대학생들의 시위로 촉발된 68운동에 곧이어 젊은 노동자들과 고등학생, 젊은 교사들이 동참하기 시작했다. 시위는 점차 확산

되면서 전국적으로 거의 천만 명에 이르는 사람들이 파업에 참가했다. 이렇게 프랑스가 사실상 마비되는 동안 공산당과 노조 집행부는 매우 미온적으로 대응했을 뿐만 아니라 오히려 부정적인 입장을 고수했다. 공산당 당수 조르주 마르세Georges Marchais는 시위 주도 학생들을 "사이비 혁명가"라고 비난했다. 그들은 자신들의 지휘와 통제하에 시위가 조직되지 못하는 것에 불만을 표했고 학생들의 생각과 행동을 폄하하기에 급급했다. 그들은 사회체제에 안주한 관료적인 기구로 변해 있었던 것이다. 시위의 주체들이었던 학생들과 젊은 노동자들은 더 이상 공산당과 노조의 지시를 듣고자 하지 않았다.

5월 30일 드골 대통령은 마침내 의회를 해산하고 총선을 실시할 것을 선포한다. 이를 계기로 드골을 지지하는 우파들의 시위가 처음으로 조직되기 시작했다. 공산당과 노조집행부는 총선을 받아들였고 시위는 점차 수그러들었다. 6월 16일 소르본 대학이 다시 문을 열었으며 17일에는 르노 공장이 파업을 중단했다. 6월 말 실시된 총선에서 우파가 압도적 승리를 거뒀다. 안정을 바라는 국민들의 심리가 반영된 것이다. 국민들은 안정을 바랐지만 현 체제가 계속되는 것도 원하지 않았다. 드골은 1969년 자신의 신임을 묻는 국민투표를 실시했지만 패배함에 따라 대통령직에서 물러났다. 이렇게 프랑스의 68운동은 막을 내렸다.

프랑스 68운동은 프랑스 사회 전반에 걸쳐 큰 변화를 불러일으켰다. 68운동 자체가 경제적 위기 상황이나 정치적, 사회적 혼란기에 발생한 것이 아니기 때문에 우리가 혁명이라고 부를 수 있는 정치, 사회 체제의 완전한 변화를 가져오지는 않았다. 68운동은 그것보다는 프랑스인의 의식에 큰 변화를 가져왔고 학교와 직장에서의 조직문화를 바꿨다. 따라서 68운동은 문화운동의 성격을 갖고 있다고 할 수 있다.

68운동에서 가장 특징적으로 드러나는 것들 중의 하나는 권위주의에 대한 저항이다(이성재, 2009). 학생들은 드골로 대표되는 가부장적인 규칙과 제도들에 대해 노골적인 반감을 드러냈다. 정당에서는 당수가, 학교에서는 교수가, 집에서는 아버지가, 직장에서는 사장이, 국제사회에서는 강대국이, 여자에 대해서는 남자가 내세우는 권위는 학생들과 젊은 노동자들을 숨 막히게 했고 그들은 상명하달식의 권위적 문화 속에서 자유를 잃었다고 생각했다. 대학에서 학생들은 대학본부의 강압적인 지도와 훈육에 저항했다. 학생들의 집회와 토론은 대학의 허가를 받아야 했으며 여자 기숙사를 드나드는 것조차 통제를 받았다. 학생들은 보수적인 교수에 의해 독단적이고 일방적인 강의 방식으로 실행되는 교육과 시험 제도를 거부하고 대학의 의사결정 과정에 학생이 참여할 것을 주장했다. 젊은 노동자들 또한 억압적이고 권위적인 공장 조직과 경영 방식에 반기를 들었다.

청년들은 자유로운 토론과 욕망의 거리낌 없는 발산을 주장하며 인간이 자신의 육체와 정신에 대한 정당한 권리를 행사하는 주인으로서 충만한 일상의 삶을 살아가기를 원했다. 68운동이 단순히 격렬한 싸움과 투쟁으로만 점철된 것이 아니라 축제와 오락과 장난을 즐기면서 누구나 상상력을 마음껏 발휘하는 즐거운 공간을 만들어 간 것도 이런 이유 때문이다. 권위를 내세우며 청년들에게 설교하며 지도하려 한 교수들과 정치인들은 조롱을 받았다. 강의실과 거리 곳곳에서 벌어진 자유로운 토론에 누구나 평등하게 참여해 자신의 의견을 말하고 공동의 결정을 내릴 수 있었다. 모두가 자발적으로 참여하고 자유롭게 토론하면서 운동을 전개해 갔기 때문에 68운동에는 사실상 중앙집권적인 조직이나 지도자가 없었다. 모든 권위와 질서를 조롱하고 무시하고 거부하면서 개개인이 나름대로의 충만한 삶을 추구할 것을 바랐던 68운동의 무정부주의적 속성은 거리와 강의실 곳곳에 휘갈겨 쓴 구호들 속에서 잘 드러난다. 그것들은 언어의 유희였고 상상력의 장난이었으며 위계질서의 틀에서 끝없이 탈주하는 욕망의 흔적이었다.

"금지하는 것을 금지한다," "현실주의자가 되라, 불가능한 것을 요구하라," "상상력이 권력을 갖는다," "죽은 시간 없이 살라. 그리고 구속 없이 즐겨라," "지루함이란 반혁명적인 것이다," "사장은 너를 필요로 하지만 너는 사장을 필요로 하지 않는다," "노동자여, 너는 25살이지만 너의 노조는 지난 세기의 것이구나,""당신이 들어갈 때 발견하고자 하는 상태 그대로 깨끗이 놔두고 공산당을 떠나시기 바랍니다," "누가 너의 행복을 사 간다. 그것을 훔쳐라," "포장도로 밑에 해변 모래사장이 있다," "바리케이드는 거리를 막지만 길을 연다," "선거는 멍청이들을 잡는 덫," "당신의 욕망을 현실이라 생각하라," "신이 존재한다 해도 그를 제거해야 할 것이다," "젊어라. 그리고 입 닥쳐라(드골 대통령에 대한 낙서)," "우리는 모두 독일계 유태인이다(추방당한 후에 몰래 돌아온 콘 벤디트를 지지하는 낙서)" … 이런 낙서들은 68운동 당시 청년들이 얼마나 구시대의 생활방식과 권위적이고 억압적인 제도와 규칙들에 반감을 갖고 있었으며 얼마나 자유롭고 주체적인 삶을 갈망했는지를 잘 보여준다.

2. 구조주의

68운동은 프랑스의 정치, 사회, 문화 전반의 구체제에 대한 청년세대의 비판에서 출발했다. 프랑스의 구체제에 대한 문제제기는 학문 분야에서도 예외는 아니었다. 1940년대까지 프랑스의 인문사회과학계는 사르트르Jean-Paul Sartre로 대표되는 실존주의 철학에 의해 지배되고 있었다. 소르본 대학으로 대표되는 고전적 인문학의 전통에 맞서 젊은 학자들이 언어학과 사회과학, 정신분석학 등 새롭게 대두하는 학문분야를 중심으로 과거의 학문적 전통과 문화에 반기를 들며 등장하기 시작했다. 이렇게 1950년대와 60년대에 프랑스의 인문사회과학 분야에서 대두하던 사조는 구조주의structuralism였다. 여기에서는 먼저 구조주의를 대표하는 몇몇 주요한 인물들의 생각을 정리하면서 구조주의의 특징적 생각들이 무엇이며 그런 생각들이 68운동과 어떤 관계를 갖게 되는지를 살펴보자.

구조주의는 스위스 언어학자 소쉬르Ferdinand de Saussure가 『일반언어학 강의Cours de linguistique générale』에서 제안한 개념들에 기원을 두고 있다. 소쉬르는 모든 언어를 하나의 체계로 간주하고 언어의 의미는 체계를 구성하는 요소들의 차이에 의해 발생한다고 주장했다. 따라서 모든 언어는 현상적으로는 다른 모습을 띠고 있지만 의미를 발생시키는 동일한 구조를 갖고 있는 것으로 이해된다. 언어를 이해하는 데 있어서 중요한 것은 언어가 발현되는 형태가 아니라 언어 체계를 구성하는 요소들 사이의 관계이다. 예를 들어 '나'라는 단어가 어떤 의미를 갖는 것은 '나'라는 단어와 '너'라는 단어 사이의 차이가 존재하기 때문이다. '나'라는 단어가 언어적 가치를 갖는 것은 그 단어 자체가 내재적으로 어떤 의미를 갖고 있어서가 아니다. '나'라는 단어는 소리와 문자 형태에 있어서 '너'라는 단어와 구별되기 때문에 언어적 가치를 갖는다. '나'와 '너' 사이의 차이는 사실 미미하다. 단지 모음 하나가 다를 뿐이다. 하지만 그 차이는 완전히 다른 의미를 만들어낸다. 단 하나의 모음의 차이가 '나'와 '너' 사이의 완전히 구별되는 언어적 가치를 만들어내는 것이다. '나'는 모음 하나가 다른 '너'와의 관계 속에서 언어적 가치를 갖게 된다. 이렇기 때문에 의미는 단어 자체에 내재하는 것이 아니라 언어를 구성하는 요소들 사이의 차이에 의해 만들어지는 것이라 할 수 있다.

언어의 의미가 차이를 기반으로 한 관계 속에서 결정된다고 봤기 때문에 소쉬르는 언어학의 연구 대상은 파롤parole이 아니라 랑그langue라고 봤다. 파롤은 사람이 실제로 하는 구체적 말이고 랑그는 그 파롤을 가능하게 만드는 규칙이자 체계로서의 언어이다. 구체적인 상황 속에서 사람이 실제로 하는 말이 아니라 그 말을 가능하게 하는 추상적인 체계를 연구 대상으로 삼음으로써 언어학은 과학의 합리성을 획득할 수 있다는 것이 소쉬르의 생각이었다. 소쉬르가 구체적 상황 속에서 사람들이 하는 변화무쌍한 말이 아니라 그 말을 가능하게 하는 추상적 체계를 연구 대상으로 삼은 것은 우발적이고 상황 종속적인 인간의 활동을 고려하는 것이 언어에 과학적으로 접근하는 데 방해가 된다고 여겼기 때문이다. 언어학이 구조와 형식에 집중함으로써 언어를 체계적이고 합리적이며 예측 가능한 것으로 구성하는 동안 실제로 말하는 인간 주체는 언어학 안에서 설 자리를 잃는다. 체계에 대한 설명에서 인간 주체의 활동에 대한 고려가 없는 것은 구조주의의 가장 중요한 특성 중 하나가 된다. 이것은 구조주의를 반인간주의anti-humanism로 보는 주요한 이유가 된다. 소쉬르의 언어학적 개념들은 야콥슨Roman Jacobson, 마르티네André Martinet, 방브니스트Émile Benveniste, 옐름슬레브Louis Hjelmslev, 그레마스Algirdas Julien Greimas 등의 언어학자들에 의해 계승, 발전되면서 언어학뿐만 아니라 기호학으로 영역을 넓혀간다. 특히 그레마스는 1966년 『구조 의미론Sémantique structurale』을 출판하면서 구조주의 기호학을 언어학은 물론 인문학의 전 영역을 아우를 수 있는 엄밀한 과학으로 내세우고자 했다.

소쉬르는 구조라는 단어를 사용하지는 않았지만 체계 속 구성요소들의 관계를 분석함으로써 언어 현상을 과학적으로 설명할 수 있다고 본 그의 생각은 언어학을 넘어서 인문사회과학 분야의 여러 학자들에게 영향을 미쳤다. 소쉬르의 생각을 사회과학적으로 응용함으로써 구조주의의 바람을 불러일으킨 학자는 레비스트로스Claude Lévi-Strauss이다. 구조주의 언어학자인 야콥슨과 공동 작업을 하면서 구조주의적 관점을 갖게 된 레비스트로스는 1949년 그의 인류학 박사학위 논문인『친족의 기본 구조들 Les structures élémentaires de la parenté』을 출판하면서 본격적으로 구조주의에 입각해 사회현상을 설명하기 시작한다. 언어학에서 의미가 체계 구성 요소들 사이의 관계에 의해 만들어지는 것처럼 친족 내에서 구성원의 정체성은 한 구성원과 다른 구성원 사이의 관계에 의해 만들어진다. 예를 들어 남편과 아내, 자식은 각각 개별적으로 독립된 채 의미를 가진 존재가 아니다. 남편은 친족이란 체계 안에서 존재하는 아내, 자식과 서로 구별되는 관계 속에서 친족 구성원으로서의 정체성을 가질 수 있다. 남편과 아내, 자식 사이의 차이가 각각의 친족 구성원의 가치를 만들어내는 것이다. 이처럼 가족 구성원의 정체성은 구성원 사이의 차이를 바탕으로 한 관계 속에서 만들어지는데 이 차이는 일정한 규칙에 의해 형성된다. 레비스트로스는 친족이란 단순히 혈연관계에 의해 만들어지는 것이 아니라 여성의 교환이란 기본적원리를 통해 만들어지는 차이를 바탕으로 구성되는 것이라고 생각했다. 모든 친족은 기본적으로 족외혼을 바탕으로 형성된다. 즉, 자기 친족 구성원이 아닌 다른 친족 구성원과의 결혼을 통해 하나의 새로운 친족 구성원이 탄생한다. 이 결혼은 여성의 교환이란 형태를 띤다. 즉, 자기 친족의 여성을 다른 친족에 보내고 다른 친족의 여성을 자기 친족으로 받아들이는 교환의 과정이 결혼이다. 사회는 여성 교환의 원리를 통해 사람과 집단이 서로 관계를 맺음으로써 존재한다. 따라서 이 원리를 유지하기 위해 모든 사회는 하나의 공통된 금기를 갖고 있다. 그것은 바로 근친상간의 금지이다. 이것은 결혼할 수 있는 여성과 결혼할 수 없는 여성이 정해져 있다는 것을 의미한다. 근친상간의 금지 때문에 친족 범위 내의 여자와 결혼하는 것은 불가능하다. 따라서 결혼을 위해서는 다른 친족 집단의 여자를 데려와야 하며 동시에 자기 친족의 여자를 다른 친족 집단에게 보내야 한다. 이로써 비로소 사회가 구성되고 존재할 수 있게 된다. 모든 사회에서 보편적으로 근친상간의 금지를 발견할 수 있는 것은 이 때문이다. 근친상간의 금지는 여성 교환의 또 다른 모습이며 모든 사회조직을 가능하게 만드는 차이를 만들어낸다. 근친상간의 금지는 허용되는 여자와 금지되는 여자 사이의 차이를 만들어내고 아내라는 여자 범주와 누이라는 여자 범주 사이의 차이를 만들어낸다. 이 차이를 바탕으로 다른 가족 구성원의 관계들도 만들어진다. 레비스트로스는 1958년 『구조 인류학Anthropologie structurale』을 출간해 구조주의적 개념을 바탕으로 한 인류학의 이론 체계를 제시함으로써 구조주의 인류학을 확고한 반석 위에 올려놓는다.

1953년 문학 이론가이던 바르트Roland Barthes는 『글쓰기의 영도 Le Degré zéro de lécriture』를 출판했다. 바르트를 유명하게 만든 이 책은 글쓰기를 내용이 아니라 형식이란 관점에서 접근한다. 문학 작품이 가능하려면 일반적으로 두 가지 요소가 개입해야 한다. 하나는 언어langue이다. 이것은 한 시대의 모든 작가가 공유하는 것으로 규칙과 습관으로 이뤄진 것이다. 다른 하나는 양식style이다. 이것은 작가가 개인적으로 갖고 있는 독특한 속성으로 단어 선택 등에 영향을 미치는 개인적인 기억과 관심 등이다. 이 둘은 작가가 선택할 수 있는 것이 아니라 작가에게 주어진 환경이다. 바르트는 이 둘 사이에 글쓰기가 있다고 봤다. 언어와 양식이 각각 시간과 개인적 경험에 의해 만들어진 것이라면 글쓰기는 작품과 사회 사이의 관계를 만드는 기능을 한다. 글쓰기는 작가와 사회 사이의 관계 속에서 생산되기 때문에 역사와 사회의 영향 속에서 만들어지는 형식을 갖는다. 문학을 작가나 내용의 관점이 아니라 작가와 사회 사이의 관계로서의 글쓰기란 형식의 관점에서 접근한 바르트는 작가라는 행위의 주체보다는 글쓰기라는 관계의 결과물을 중시하게 된다. 이처럼 당시 태동하고 있던 구조주의와 사상의 일정 부분을 공유하던 바르트는 소쉬르와 옐름슬레브의 사상을 접하면서 곧 구조주의 언어학을 기반으로 한 기호학을 연구방법론으로 채택하게 된다. 1957년 출판된 『신화론Mythologies』에서는 소쉬르와 옐름슬레브의 기호 개념들을 적극적으로 이용하면서 겉으로 보이는 사회 현상, 미디어 내용물의 의미를 가능하게 만드는 심층적 관계가 무엇인지를 묻기 시작한다. 1964년 발표된 논문, 「기호학의 기초Eléments de sémiologie」에서 바르트는 구조주의 언어학을 바탕으로 기호학적 개념들을 재정립하고 단지 언어뿐만 아니라 의복, 음식, 사진 등과 같은 다양한 사물들의 특수한 약호를 분석하는 방법으로 사용할 것이라고 밝힌다.

레비스트로스의 작업을 통해 구조주의적 개념들을 접하게 된 라캉Jacques Lacan은 무의식을 주체에 대립되는 타자를 구성하는 구조로 이해하려 한다. 라캉은 1949년 국제 정신분석학 회의에서「나의 기능 형성자로서의 거울 단계Le stade du miroir comme formateur de la fonction du Je telle qu'elle nous est révélée dans l'expérience psychanalytique」를 발표한다. 이 글에서 라캉은 '나'에 대한 의식이 형성되는 최초의 구조를 거울 단계에서 발견한다. 아이는 생후 6개월부터 18개월 사이에 거울을 통해 자신의 통일된 이미지를 보게 된다. 그는 이 이미지와 자신을 동일시하게 되는데 이때 거울 속의 '나'는 엄밀한 의미에서는 '나'가 아니라 타자이다. 그것은 나의 실체가 아니라 거울 속 이미지이기 때문이다. 결국 아이는 자신이 아닌 것을 자신이라고 오인méconnaissance하는 셈이 된다. 이 돌이킬 수 없는 사건은 인간의 주체 의식을 결정짓는 변하지 않는 구조가 된다. 라캉은 1953년 로마에서 열린 정신분석학 총회에서 발표한「정신분석학에서 말과 언어의 기능과 영역Fonction et champ de la parole et du langage en psychanalyse」이란 보고서에서 레비스트로스가 사용한 구조주의 언어학을 본격적으로 거론하면서 프로이트Sigmund Freud를 다시 읽을 것을 주장한다. 그는 정신분석학에서 중요한 것은 환자의 말parole이며 바로 이 말이 사물을 만든다고 주장한다. 소쉬르의 구조주의 언어학에서는 파롤이 아닌 랑그를 중요하게 생각하지만 라캉은 파롤을 더 중요하게 생각한다. 바로 파롤은 억압된 기의signifié에 대한 기표signifiant이기 때문이다. 정신분석학은 환자의 말을 분석함으로써 말을 통해 드러나는 상징을 해석하고 억압된 것에 접근할 수 있다. 구조주의 언어학의 개념을 이용해 레비스트로스가 시간과 공간의 변화와 무관하게 존재하는 사회와 문화의 구조를 밝혔듯이 정신분석학도 시간적, 공간적 우연성에서 독립된 무의식과 의식의 구조를 밝혀야 한다는 것이 라캉의 주장이다. "무의식은 언어처럼 구조화되어 있다"라는 라캉의 유명한 말은 이런 생각을 기반으로 나올 수 있었다. 라캉은 1957년 발표된 「무의식 안의 글자의 심급L'instance de la lettre dans l'inconscient」에서 소쉬르의 『일반언어학 강의』를 명시적으로 인용하면서 기표, 기의 개념을 중심으로 무의식의 기의가 의식의 기표로 드러나는 과정에서 발생하는 저항, 전이, 응축 등의 개념을 이해하면서 프로이트의 생각을 재해석한다. 1966년 라캉의 글을 모은 『에크리Écrits』가 출판되면서 구조주의는 정신분석학을 지배하는 패러다임이 된다.

라캉이 무의식 속에 억압되어 있던 것의 귀환을 구조를 통해 설명하고 있을 때 인문사회과학의 기초학문인 철학 분야에서는 역사 속의 억압된 것을 발견하고자 시도하는 연구자가 등장한다. 바로 푸코Michel Foucault이다. 푸코는 1961년 박사학위 논문인 『광기의 역사Folie et Déraison. Histoire de la folie à l'âge classique』를 출판한다. 그는 이성적인 것, 정상인 것과 다른 것으로 치부되고 억압되어 온 미쳤다는 것이 사실은 역사적인 상황 속에서 만들어진 담론의 결과물이란 것을 밝힌다. 중세 시대에 미친 사람은 신이 만들어낸 악마적인 재능을 가진 사람으로 간주됐으며 그의 말은 저승을 환기시키는 일종의 지식을 갖춘 것으로 이해됐다. 르네상스 초기에만 하더라도 광기는 이성과 분리된 것이 아니었다. 그것은 삶의 허망함, 죽음의 현존을 일깨우는 인간 본성의 목소리로 이해됐다. 광기는 꿈과 마찬가지로 진리를 폭로하는 앎의 수단으로 이해됐기에 인간에게서 배제되어야 할 속성이 아니었던 것이다. 하지만 점차 광기에 대한 부정적 견해가 지배적인 것이 되어 간다. 이성과 합리성을 인간 정신의 근본으로 삼고자 했던 근대 철학은 광기를 이성의 '타자'로 배제시키고 억압하기 시작한다. 이성과 비이성déraison의 구분 속에서 합리적이지 않은 모든 언어는 이성의 언어에서 제외되고 금지된다. 광기의 언어에 침묵이 강요됨에 따라 광기에 대한 담론은 풍성해진다. 미친 사람의 말은 의미가 없는 것으로 무시되지만 미친 사람에 대한 연구와 담론은 중요한 것으로 인식되면서 증가하는 것이다. 이처럼 이성과 비이성을 구분하고 광기를 배제하는 담론은 17세기에 감금enfermement이란 제도를 통해 사회적으로 실천된다. 감금을 통해 미친 사람은 사회로부터 격리되기 시작한 것이다. 감금된 것은 미친 사람뿐만 아니다. 걸인, 노숙자, 자살시도자, 음탕한 자, 신성모독자 등 사회적 규범과 동떨어진 것, 정상이 아니라고 판단된 것은 모두 감금의 대상이 됐다. 처음에 감금을 통한 정상과 비정상 사이의 단절을 지지한 것은 법적, 정치적, 사회적, 경제적, 종교적 담론이었다. 18세기 후반이 되면 광기는 의학적 담론이 다뤄야 하는 대상이 된다. 미친 사람은 이제 감옥이 아니라 정신병원 수용소에서 관찰되고 치료받아야 할 존재가 된 것이다. 광기에 대한 의학적 접근은 인간적이고 과학적인 치료행위가 아니라 사실은 그것을 배제시키는 근대적 담론의 수정판일 뿐이기 때문에 미친 사람은 더욱더 정상인으로부터 배제되고 소외된다. 미친 사람의 말은 정신의학이 다뤄야 할 대상일 뿐 그 자체로는 완전한 침묵을 강요받는다. 푸코는 이성과 광기를 대립시키면서 광기가 사회적으로 구성된 것일 뿐이라면 그것의 대립자인 이성도 사회적 산물일 뿐이라고 주장한다. 그렇다면 이성의 진짜 기능은 절대적 진리를 찾는 것이 아니라 다른 사람들을 지배하기 위한 질서를 만드는 것이라고 볼 수 있다. 진리를 찾음으로써 인간을 해방시킨다고 주장한 계몽적 이성은 사실은 타자를 억압하고 말살하는 권력의 수단인 것이다.

지식과 권력은 서로 연결되어 있다. 그렇기 때문에 푸코에게 있어서 이성의 담지자로서의 인간 주체는 사라진다. 인간 주체는 자신의 타자가 담론적으로 구성되는 과정 속에서 구성되는 사회적 구성물일 뿐이다. 이성을 초월적 내용이 아니라 광기와의 관계 속에서 존재하는 하나의 형식으로 파악한 푸코는 철학에도 구조주의적 패러다임이 들어왔음을 세상에 알리게 된다. 푸코의 생각은 1966년 출판된 『말과 사물Les mots et les choses』이 엄청난 대중적 인기를 끌면서 시대를 지배하는 사상으로서의 사회적 위치를 확고히 굳히게 된다. '인간과학의 고고학Une archéologie des sciences humaines'이란 부제가 붙은 이 책에서 푸코는 18세기의 일반 문법학, 경제 분석, 자연사 그리고 19세기의 문헌학, 정치경제학, 생물학이 어떻게 지식으로 구성됐는지를 추적한다. 학문의 대상이 되는 인간들과 사물들은 특정 시대에 특정한 질서에 의해 연구대상으로서 구성된다. 그 질서에 편입되지 않는 것은 그 시대에는 '생각될 수 없는 것'이다. 푸코에 따르면 인간l'Homme도 19세기에 비로소 지식의 대상으로 구성된다. 그전에는 인간들les hommes은 존재했지만 지식의 대상으로서의 인간은 존재하지 않았다. 인간을 연구 대상으로 생각할 수 있게 해 준 질서가 사라진다면 인간도 다시 '생각될 수 없는 것'이 될 것이다. 이것은 의미란 것이 내용 자체에 내재하는 것이 아니라 그 이전에 존재하는 체계에 의해 겉으로 드러나는 표면적 효과 일 뿐이라는 구조주의의 생각을 담고 있다.

구조주의의 흐름 속에서 레비스트로스와 바르트가 소쉬르에게로 다시 돌아갈 것을 주장하고 라캉이 프로이트에게로 다시 돌아갈 것을 주장하고 있었다면 마르크스Karl Marx에게로 다시 돌아가자고 하는 사람이 있었다. 바로 알튀세르Louis Althusser이다. 1948년 철학교수 자격증을 획득한 알튀세르는 ENSÉcole normale supérieure(고등사범학교)의 철학 보조강사를 하면서 학생들과 긴밀한 관계를 유지하고 있었다. 알튀세르는 철저한 마르크스주의자였고 공산당원이었다. 그는 마르크스에 대한 세미나를 열면서 마르크스에 대한 학생들의 관심을 환기시켰다. 푸코를 포함한 많은 학생들이 그의 영향을 받아 마르크스를 읽었고 공산당에 입당했다. 1964년부터 알튀세르는 학생들과 함께 세미나에서 『자본론Le Capital』을 읽기 시작했다. 1965년 이 세미나의 결과물로 『자본론 읽기Lire le Capital』가 출판됐다. 이 책은 1권과 2권으로 나뉘어 출판됐다. 제1권은 랑시에르Jacques Rancière, 마슈레Pierre Macherey와 함께 쓴 것이고 제2권은 발리바르Étienne Balibar, 에스타블레Roger Establet와 공저한 것이다. 같은 해에 그동안 알튀세르가 쓴 글들을 모은 『마르크스를 위하여Pour Marx』도 출판됐다.

알튀세르는 마르크스주의가 스탈린주의와 연결되면서 교조적인 소련 공산당과 프랑스 공산당 내에서 일종의 신앙체계로 이용되는 것에 문제를 제기했다. 그는 마르크스의 이론을 단순한 정치적 이데올로기가 아니라 사회를 분석하는 객관적 과학으로 재정립시키고자 했다. 이 과정에서 알튀세르는 구조주의와 정신분석학의 개념을 이용해 마르크스의 저작들을 다시 읽고자 했다. 알튀세르는 마르크스의 이론을 모든 사회과학의 실천적 이론들을 종합하는 과학적 이론으로 만들고자 했다. 그러기 위해서는 비과학적으로 보이는 모든 요소들과 단절을 해야 했다. 우선 이데올로기가 비과학적인 것으로 지목됐다. 이데올로기는 하부구조(경제)가 만들어낸 일련의 표상들이다. 교조적 마르크스주의자들이 이데올로기를 하부구조의 단순한 반영으로 본 것에 반해 알튀세르는 이데올로기의 사회적 기능을 인정한다. 알튀세르에게 있어서 이데올로기는 개인들이 자신들의 실제 존재조건과 맺는 상상적 관계에 대한 표상이다. 이 이데올로기는 현실에 대한 거짓된 표상이다. 그런데 이데올로기가 개인들의 실제 존재조건에 대한 표상이 아니라 실제 존재조건과 맺는 상상적 관계에 대한 표상이란 말은 이데올로기가 단순히 현실을 왜곡한 표상이 아니라는 말이다. 이데올로기가 단순히 현실을 왜곡한 표상이라면 이데올로기는 어떤 식으로든 현실과 직접적 관계를 맺고 있을 것이기 때문에 이데올로기를 잘 해석한다면 현실의 참모습을 발견할 수 있을 것이다. 하지만 이데올로기는 현실과 직접 관계를 맺고 있는 것이 아니라 개인이 현실과 맺는 상상적 관계와 연결되어 있다. 따라서 이데올로기를 아무리 잘 해석하더라도 이데올로기를 통해 직접 현실을 아는 것은 불가능하다.

결국 이데올로기는 환상이며 잘못된 지식으로서 현실에 대한 진정한 지식을 가리는 기능을 한다. 학교나 교회, 언론 등을 통해 배우는 일반적인 지식은 이데올로기에 속하기 때문에 사람들은 사회현실을 오인하며 살아간다. 이데올로기는 잘못된 지식이기는 하지만 그 자체로는 일관성이 있고 합리적인 모습을 갖고 있어서 진정한 지식처럼 보인다. 따라서 대중은 이데올로기를 믿으며 바로 그런 이유로 이데올로기는 계급지배를 가능하게 하는 기능을 한다. 지배받는 계급과 사람들은 이데올로기 때문에 자신이 계급지배 속에서 착취당하는 것을 인식하지 못한다. 그들에게 있어서 실재는 있는 그대로 알 수 없는 것이기 때문에 그들은 상상적으로 실재에 접근할 수밖에 없다. 마치 라캉의 정신분석학에서 거울단계에서 주체가 오인méconnaissance을 통해 상상적으로 구성되듯이 피지배계급 사람들이 갖고 있는 자기 자신의 이미지는 구체적이고 실제적인 것이 아니라 상상된 허구의 것이다. 현실에서는 억압과 착취가 일어나고 있지만 그들은 스스로 선택하고 결정하는 자유롭고 자율적인 존재로 살아간다고 믿는 것이다. 사실은 하부구조에 의해 결정되는 행위들을 이 상상의 허구적 주체는 자유롭고 자율적으로 선택한다고 믿는 것이다. 라캉에 있어서 주체는 무의식이란 하부구조에 의해 결정된 하나의 허구로서 구성된다. 알튀세르에게 있어서 주체의 존재조건은 경제적 하부구조에 의해 결정되지만 주체는 이데올로기에 의해 허구로서 호명된다.

그런데 알튀세르에 따르면 마르크스주의는 이데올로기가 아니라 과학이다. 왜냐하면 마르크스주의는 자본주의 생산양식에 대한 엄밀한 분석을 바탕으로 성립하기 때문이다. 마르크스주의는 자본주의 생산양식의 기반이 착취라는 것을 잉여가치 개념을 통해 설명한다. 자본주의는 노동자의 노동을 통해 생산한 상품을 유통시키면서 작동한다. 노동자는 자본가에게 자신의 노동력을 임금을 받고 판다. 이때 노동자가 생산한 상품의 가치는 노동력의 대가로 노동자가 받는 임금의 가치보다 크다. 이 두 가치 사이의 차이가 잉여가치이다. 쉽게 말해 한 노동자가 빵공장에서 하루 8시간을 일하면서 100개의 빵을 만든다고 하자. 이 노동자의 하루 일당은 8천원이고 빵 한 개의 가격은 100원이다. 그렇다면 노동자는 하루에 8천원을 받고 1만원어치의 빵을 만드는 것이다. 이 경우 잉여가치는 2천원이며 이 돈은 자본가의 차지이다. 따라서 노동자는 잉여가치만큼 노동력을 착취당하는 셈이다. 자본주의 사회는 이 잉여가치를 기반으로 작동하는 사회이다. 사회주의 사회는 잉여가치를 없앰으로써 착취가 없는 사회가 된다. 마르크스주의는 바로 잉여가치 개념을 통해 자본주의 사회의 착취 구조를 설명함으로써 자본주의의 현실을 직접 보는 힘을 갖게 된다. 따라서 마르크스주의는 현실에 대한 허상을 제공하는 이데올로기가 아니라 현실의 본모습을 폭로하는 과학이라 할 수 있다.

알튀세르는 마르크스주의를 자본주의의 실체를 파악한 과학적 이론으로 이해하면서 과학적으로 설명될 수 없는 이데올로기적 요소들이 마르크스주의와 섞이는 것을 거부했다. 그중 대표적인 것이 바로 인간주의humanism이다. 마르크스주의는 자본주의의 작동조건을 과학적으로 파악했지만 사회주의 혁명을 위해서는 계급투쟁의 과정에 개입하는 인간 주체의 힘을 필요로 하기 때문에 인간 개념을 이론적으로 정리할 필요가 있다. 그런데 자유롭고 평등한 보편적 인간이란 개념은 인간에 의한 인간의 착취를 보지 못하게 만드는 이데올로기적 개념이다. 인간의 보편적 본질을 주장하는 것은 부르주아 이데올로기의 대표적 모습이다. 마르크스주의에 따르면 인간은 경제적 법칙에 따라 결정되기 때문에 보편적이고 총체적인 인간의 본질이란 없다. 인간에 대해 과학적으로 접근하려면 역사의 구체적 한 지점에서 특수한 경제적 조건 하에서 등장한 인간에 대해 말을 해야한다. 인간의 보편적 본질을 말하는 인간주의란 인간을 추상화시키고 소외시키는 것이다. 알튀세르는 1845년 이전의 청년 마르크스는 헤겔의 영향 하에서 인간주의를 받아들이고 있었지만이후에는 인간주의와 단절하고 과학적 이론을 완성했다고 평가한다. 따라서 알튀세르는 인간주의를 이데올로기로 규정하고과학적 마르크스주의 안에는 인간주의가 들어설 자리가 없다고천명한다. 알튀세르가 보기에 역사를 앞으로 나아가게 만드는 것은 인간이 아니라 계급투쟁이다. 인간이 역사의 주체이자 주인이라고 주장하는 것은 이데올로기일 뿐이다. 이러한 이유로 알튀세르는 "역사는 주체 없는 과정"이라고 주장한다.

이처럼 이데올로기와 과학을 구분하면서 과학만이 현실의 실체를 파악할 수 있는 힘을 갖고 있다고 생각한 알튀세르는 현실에 대한 이론적 접근을 매우 중요하게 생각한다. 그에 따르면 이론은 실천의 특수한 형태이다. 그는 모든 이론적 실천들을 담아내는 과학과 진리로서의 이론Théorie을 추구했는데 이것은 순전히 개념들 사이의 내적이고 구조적인 관계들에 의해서만 도달될 수 있는 것이다. 이것은 알튀세르의 사상이 관념적인 성격을 가졌다고 비판받는 이유가 된다. 이데올로기와 과학을 구분하고, 허구적인 주체 개념 속에서 현실을 깨닫지 못하고 착취당하는 대중과 과학적 이론으로 무장하고 현실을 꿰뚫어 보는 철학자를 구별하면서 현실의 본모습을 볼 수 있는 과학적 이론만이 현실의 문제를 해결하는 방법이 될 수 있다고 본 알튀세르는 자칫하면 우매한 대중 위에 군림하면서 모든 것을 다 안다고 주장하는 지식인처럼 보일 위험을 안고 있었다.

사회학 분야에서는 한 젊은 연구자가 구조주의를 받아들이면서 사회의 지배체계가 재생산되는 메커니즘을 분석하고 있었다. 바로 부르디외Pierre Bourdieu이다. ENS에서 철학을 공부한 부르디외는 1957년 군복무를 위해 당시 프랑스 식민지였던 알제리로 간 후에 군복무를 마치고 알제르 대학에서 조교로 일하면서 알제리의 한 부락민들을 관찰한 인류학적 연구를 하면서 사회학에 발을 들여놓는다. 프랑스로 돌아온 부르디외는 1964년 동료 연구자 파스롱Jean-Claude Passeron과 함께 학교 교육이 어떻게 사회 지배질서를 재생산하는지를 보여준 『상속자들Les héritiers: les étudiants et la culture』을 출판한다. 프랑스 학계에 자신의 존재를 본격적으로 알린 이 책에서 부르디외는 모든 사람이 각자의 능력을 동등하게 펼칠 수 있도록 도움으로써 사회적 성공을 위한 평등한 기회를 제공하는 기구로 평가되는 학교가 사실은 사회적 지배를 고착시키고 영속시키는 도구라고 폭로한다.

부르디외는 통계 수치들을 이용해 가족 환경, 부모의 직업 등의 사회 계급적 요소들과 고등교육기관 입학생들 사이에 높은 상관관계가 있음을 증명한다. 똑똑한 아이들이 대학에 쉽게 들어가고 학교생활에 잘 적응하는 것이 아니라 사회적 지위와 교육수준이 높은 부모를 가진 아이들이 대학에 쉽게 들어가고 잘 적응한다. 사회적으로 우월한 계급 출신의 아이들은 어릴 때부터 다양한 교양교육과 문화생활을 접하면서 학교 교육에 적합한 성향을 갖게 된다. 그들은 학교에서 배우는 문학, 역사, 음악, 미술, 체육 등 여러 교과목들의 내용을 일상생활 속에서 접하면서 자라기 때문이다. 그들의 집에는 대부분 많은 책들이 꽂혀 있는 서재가 있고 피아노와 같은 악기나 그림 도구들이 있다. 그들의 부모는 물론 친척들은 대부분 고등교육을 경험했고 일상생활 속에서 자연스럽게 학창시절의 이야기들을 아이들에게 들려준다. 이런 환경에서 자란 아이들에게 있어서 고등교육을 받는다는 것은 당연한 통과의례로 간주된다. 반면에 노동계급 출신의 아이들은 이 모든 것들을 거의 접하지 못한다. 그들에게 있어서 학교는 일상생활에서 경험하는 것들과는 다른 것들을 일상생활에서 사용하지 않는 언어로 배우는 낯선 곳이다. 개인적 성취욕이나 필요 때문에 대학에 들어간다 해도 노동계급 출신 학생들은 대학 생활에 적응하는 데 어려움을 겪는다. 이런 사회적 출신의 차이는 고등교육기관에 대한 진학률의 차이로 나타날 뿐만 아니라 선택하는 전공의 차이로도 나타난다. 부르주아계급 출신 아이들은 노동계급 출신 아이들보다 법학, 의학, 약학 등 사회적으로 인정받는 직업과 연결되는 전공을 선택하는 경향이 더 많다. 또한 부르주아계급의 경우 여성과 남성의 대학 진학률이 거의 같았지만 노동 계급의 경우에는 여성보다 남성의 진학률이 더 높았다. 결국 학교는 사회 지배계급에 더 적합한 언어와 문화를 갖고 있기 때문에 지배계급 출신의 학생들에게 더 유리하다. 지배계급 출신 학생들은 학교에서 더 높은 학업성취도를 올리며 더 높은 학위를 획득하고 사회적으로 더 좋은 직업을 가짐으로써 다시 지배계급의 일원이 된다. 학교를 통해 지배계급이 재생산되는 것이다. 학교는 따라서 사회적, 문화적으로 중립적인 기구가 아니다.

계급적 차이에 의해 발생하는 문화적 차이가 다시 계급적 차이를 만드는 메커니즘을 설명하기 위해 부르디외는 경제적 자본 외에도 사회적 자본, 문화적 자본의 개념을 사용한다. 각각의 사회적 계급에 속한 사람들은 서로 다른 사회적 환경 속에서 각기 다른 경험을 하면서 성장하기 때문에 세상을 평가하고 행동을 결정하는 다른 기준들을 갖게 된다. 갖고 있는 경제적 자본, 사회적 자본, 문화적 자본의 정도에 의해 서로 구분되는 계급들은 서로 다른 취향과 사고방식과 행동양식을 갖는다. 한 계급에 속한 사람은 사회화를 통해 그 계급 특유의 취향과 사고방식과 행동양식을 체화하게 되고 결국 자신을 다른 계급의 구성원과는 구별되는 정체성을 가진 계급의 일원으로 재생산하게 된다. 『상속자들』의 뒤를 이어 부르디외는 다른 동료 연구자들과

함께 계급적 차이와 문화 활동의 차이 사이의 상관관계를 연구
한 『중간 예술Un art moyen: Essai sur les usages sociaux de la photographie』과 『예
술 애호활동L'amour de l'art: Les musées et leur public』을 1965년과 1966년
에 각각 출판하면서 자신의 생각을 확립시켜간다.

부르디외에 따르면 사회적 인자agent social는 특정한 계급적 환
경 속에서 사회화되면서 그의 계급적 환경이 체화된 일정한 성
향체계를 갖게 된다. 부르디외가 '아비튀스habitus'라고 부르는 이
성향체계는 정신분석학의 무의식처럼 사회적 인자가 알아차리
지 못하는 가운데 그의 행동을 결정한다. 사회적 인자는 자신의
자유로운 판단과 선택으로 행동한다고 믿지만 사실 그의 행동
은 무의식처럼 작동하는 아비튀스의 결과물이다. 물론 부르디
외는 사회적 인자가 구조주의의 주체와는 달리 무의식이나 이
데올로기의 단순한 산물은 아니라고 주장하면서 사회적 인자와
아비튀스 사이의 상호작용을 통한 변화의 가능성을 이야기하고
있지만 그가 생각하는 사회는 우발적 사건이 일어날 가능성이
사실상 없는 정체된 구조의 사회에 더 가깝다.

지금까지 우리는 구조주의 사상이 프랑스 인문사회학계에 뿌
리내리기 시작한 후부터 1966년 절정에 달할 때까지 활동한 주
요 학자들의 생각들을 간략히 살펴봤다. 이들은 모두 당대의 뛰

어난 학자들이었고 비판적 사고의 소유자들이었다. 따라서 이들은 결코 맹목적으로 구조주의에 빠져 있지는 않았다. 스스로를 구조주의자로 인정한 사람이든 구조주의자로 분류되는 것을 꺼려한 사람이든 모두 구조주의에 대한 비판적 입장을 견지했다. 그렇기 때문에 그들에게 구조주의자란 딱지를 붙이고 한통속으로 취급하는 것은 항상 쉽고 편하고 단순한 것을 좋아하는 무비판적인 사람들의 얕은 지적 유희라고 할 수 있다. 하지만 애써 세밀하고 미묘한 차이들을 무시하고 큰 덩어리를 보는 것도 교육적 측면에서는 때론 유익할 수 있다. 따라서 여기에서는 구조주의 내에서도 학자별, 학문 영역별로 존재하는 다양한 차이들을 잠시 검은 천으로 가려두고 모든 분야를 가로지르며 나타나는 구조주의 사상의 특징을 거칠게나마 정리해 보도록 하자.

구조주의의 가장 큰 특징은 인간의 완전히 자율적인 주체로서의 활동을 부정한다는 것이다. 이것은 구조주의가 사르트르로 대표되는 실존주의에 정반대되는 입장을 취한다는 것을 의미한다. 사르트르는 1946년 출판한 『실존주의는 휴머니즘이다 L'existentialisme est un humanisme』라는 책에서 실존주의의 핵심적 생각들을 정리한다. 그는 이 책에서 "인간의 실존은 본질에 앞선다"

라고 선언한다. 다른 사물들은 본질이 실존을 앞선다. 사물이 존재하기 전에 사물의 목적이 미리 결정되어 있는 것이다. 예를 들어, 의자가 있다고 하자. 의자를 만드는 사람은 의자 제작 전에 이미 의자를 만드는 명확한 목적을 갖고 있다. 의자는 사람들이 앉을 수 있는 공간이 되기 위해 만들어진다. 의자가 존재하기 이전에 이미 의자가 존재해야 할 이유와 목적이 결정되어 있다. 의자의 본질은 실존에 앞선다. 인간의 경우는 이떠한가? 의자의 경우에는 의자를 만드는 사람이 존재하지만 인간의 경우에는 인간을 만드는 신이 존재하지 않는다. 인간은 그저 태어날 뿐이다. 아무 이유나 목적 없이 세상에 내던져진 존재가 바로 인간이다. 인간이 존재하지 않는다고 해도 문제가 되는 것은 전혀 없다. 우리는 왜 태어났는지를 모른다. 게다가 죽음을 피할 수 없다는 사실을 안다. 태어난 이유는 모르는데 죽음은 이미 결정되어 있는 것이다. 여기에서 극단적 허무감이 발생한다. 사르트르는 이 극단적 허무의 상태를 가장 긍정적인 삶을 위한 발판으로 삼는다. 우리가 아무런 존재 이유도 갖지 않는다는 것을 깨닫는 순간, 모든 것을 스스로 결정하고 행동하고 책임질 수 있는 본질적 자유를 얻는다고 보기 때문이다. 인간이 무엇을 해야 하는지를 알려주는 초월적 규범은 없다. 따라서 인간은 완전히 자유로운 존재이며 자유 그 자체이다. 인간은 삶에 있어서 어떤 것도 처음부터 결정되어 있는 것은 없기 때문에 본질적으로 삶을 창조해 갈 수 있는 자유의지를 가진 존재가 된다. 인간은 자신의 행동을 선택할 수 있는 완전한 자유를 가짐과 동시에 그 행동에 대한 완전한 책임을 갖는다. 자신의 행동에 대한 모든 가치를 스스로 결정해야 하기 때문이다.

이처럼 사르트르가 인간을 자유의지와 책임감을 가진 자율적인 주체로 본 것과는 달리 구조주의에서는 인간의 삶에 있어서 의미를 만들어내는 것은 인간의 삶을 구성하는 요소들 사이의 차이를 바탕으로 한 관계라고 본다. 바로 그 차이를 바탕으로 한 관계가 구조이다. 인간의 삶은 결국 구조에 의해 결정된다. 인간은 자기 마음대로 자유롭게 말을 만들어낼 수 없다. 인간은 자신이 태어나기 전에 이미 존재하고 있던 언어체계를 배우고 이용해야만 말을 할 수 있다. 그 언어는 차이들의 관계를 통해 의미를 발생시킨다. 사회도 인간이 자유롭게 만들어내는 것이 아니다. 사회를 구성하는 기본적인 관계들이 이미 존재하고 있고 인간의 정체성은 그 관계에 의해 결정된다. 심지어는 인간의 의식조차도 인간이 자유롭게 느끼고 생각한 결과가 아니다. 인간은 어렸을 적 어머니, 아버지와의 관계 속에서 자신을 오인하면서 하나의 의식을 가진 주체가 된다. 학문도 인간이 자유로운 탐구 활동을 통해 진리를 발견해 가는 장이 아니다. 학문의 대상을 규정하고 분류하는 체계 자체가 사회적인 여러 권력들의 관계 속에서 결정된다. 인간이 스스로 자유롭게 판단하고 결정하고 행동한다고 느끼는 것조차 사실은 실재와는 무관한 이데올로기이고 허위의식일 뿐이다.

구조주의자들은 불확실하고 가변적인 인간 주체의 활동에 관심을 기울이기보다는 확실히 고정되어 있는 차이들의 관계를 분석함으로써 인간과 사회에 대해 과학적으로 접근할 수 있다고 믿었다. 그들은 인간과 사회에 대해서도 그 존재와 기능, 활동을 설명하고 예측할 수 있는 보편적으로 적용될 수 있는 과학을 만들고자 했다. 그리고 그런 과학에 기댐으로써 인간과 사회를 객관적으로 알 수 있다고 생각했다. 문제는 이들의 주장에서 해결하기 힘든 모순이 발견된다는 것이다. 구조주의는 기본적으로 현실에 대한 비판적 사고의 산물이다. 다시 말해 구조주의자들은 현실의 문제를 발견해 비판함으로써 문제를 해결하고자 한다. 그런데 그들이 밝혀낸 현실의 문제는 구조의 산물이다. 다시 말해 변할 수 없는 것이다. 구조는 스스로 변하는 것이 아니다. 구조가 변하려면 인간 주체가 구조를 변화시키는 활동을 해야 한다. 그런데 인간 주체는 그런 자유의지를 갖고 있는 존재가 아니다. 인간의 의식과 행동은 구조의 산물이기 때문에 인간은 실재를 있는 그대로 파악할 수 없다. 인간이 언어에 의해, 사회관계에 의해, 무의식에 의해, 에피스테메에 의해, 이데올로기에 의해, 아비튀스에 의해 지배를 받아 왜곡된 방식으로 실재와 접할 수밖에 없다면 구조주의자들 자신은 인간을 지배하는 그 모든 외부의 힘에서 도대체 어떤 방법으로 벗어날 수 있는가? 그것은 바로 구조주의자들이 다른 사람들과는 달리 과학을 통해 세상을 보기 때문이다. 다른 모든 사람들이 구조 속에 갇혀 있을 때 구조주의자들만이 과학적 지식을 갖고 구조를 밖에서 바라볼 수 있다. 구조주의자들만이 구조로부터 자유로운 것이다. 모든 것을 아는 우월한 학자로서의 구조주의자들과 무지몽매한 대중들 사이의 확연한 구분이 존재한다. 구조주의자와 일반 대중을 구분하는 것은 과학적 지식의 소유와 실천이다. 구조주의자들은 사회를 밖에서 바라볼 수 있는 과학적 지식이란 도구를 갖고 있다. 하지만 그들은 사회 안에서 구조를 바꾸기 위해 행동하는 주체가 아니다. 자유의지를 갖고 행동하는 주체를 부정하기 때문에 구조주의자들은 구조에 맞서 투쟁하는 인간이 될 수 없다. 따라서 구조주의자들은 현실에서의 구체적 행동이 아닌 구조를 발견할 수 있는 이론적 실천에 몰두하게 된다. 이것이 적어도 68운동이 일어나기 전까지의 구조주의의 상황이었다.

3. 구조주의의 위기

1966년을 전후해서 프랑스 인문사회과학계 전반에 걸쳐 구조주의의 바람이 세차게 몰아닥쳤다. 그레마스, 바르트, 라캉, 푸코, 알튀세르 등 주요 연구자들의 핵심적 작품들이 이 시기에 쏟아져 나왔고 학계는 물론 대중의 큰 관심을 끌었다. 구조주의가 절정에 달한 것처럼 보이고 있을 때 68운동이 일어난다. 구조주의가 소르본으로 대표되는 프랑스의 전통적인 아카데미즘과 사회와 역사를 바라보는 시각에 대한 젊은 학자들의 비판으로 등장한 것처럼 68운동도 프랑스의 정치, 사회, 문화 전반에 걸친 청년 세대의 문제제기에서 비롯됐다. 하지만 68운동은 구조주의의 핵심 개념과는 거리가 멀 뿐만 아니라 심지어는 부정되는 것을 중요하게 내세우고 있었다. 그것은 바로 자유의지로 행동하는 인간 주체이다.

68운동의 진원지는 낭테르 대학교이다. 보다 정확히는 낭테르 대학 사회학과이다. 콘 벤디트를 비롯해 많은 극좌파 운동권 학생들이 사회학과에 포진하고 있었다. 당시 사회학과를 지배하고 있던 인물은 투렌Alain Touraine이었다. 사회학과 교수로 재직 중이던 투렌은 사회 구성원의 행동을 중요시했다. 1965년 박사학위 논문인 『행동의 사회학Sociologie de l'action』을 출판한 투렌은 사회학을 사회적 조건들 안에서 존재하는 역사적 주체의 행동에 대한 연구라고 본다. 그는 노동에 주목하면서 인간이 물건을 창조하고 그 물건에 가치를 부여하는 작업인 노동은 인간과 인간의 작업을 연결시키는 것이기 때문에 인간의 행위가 갖고 있는 지향성의 원칙 중 하나라고 주장한다. 인간의 사회적 행동은 구조와 같은 사회적 결정요인이 아니라 행동 자체가 갖는 독창성이란 관점에서 접근되어야 한다는 것이다. 사회는 다양한 사회적 행동들에 의해 만들어지고 변해간다. 이런 사회의 생산과 변화를 이해하기 위해서는 그것을 가능하게 만드는 구체적인 사회적 행동인 사회운동mouvements sociaux을 분석해야 한다. 이런 투렌의 생각은 구조주의가 전제하는 생각들과는 아주 동떨어진 것이다.

낭테르 대학 사회학과에는 구조주의에 반대하는 또 다른 인물이 1965년부터 교수로 재직하고 있었다. 르페브르Henri Lefebvre

이다. 르페브르는 1947년과 1961년 각각 『일상생활의 비판 Critique de la vie quotidienne』 제1권과 제2권을 출판하면서 단지 경제적인 면만이 아니라 일상생활의 다양한 면들을 분석하면서 사회에 대한 비판을 시도한다. 르페브르는 마르크스가 우선적으로 원했던 것은 일상생활을 변화시키는 것이었다고 주장한다. 세상을 바꾼다는 것은 일생생활에서 만나는 실제 삶을 바꾸는 것이기 때문이다. 이런 변화는 총체적인 혁명적 실천을 통해서 달성될 수 있다. 혁명적 실천을 하려면 인간들의 욕망과 욕구를 먼저 인정한 후에 인간들 사이의 관계를 투명하게 보여주는 지식을 획득해야 한다. 이것은 인간이 일상생활 속으로 들어감으로써 가능해진다. 왜냐하면 인간은 국가의 영역에서는 소외되어 있어서 인간들 사이의 관계를 투명하게 볼 수 없기 때문이다. 일상생활로 돌아간 인간은 창조적 힘을 통해 일상생활을 변화시킬 수 있다. 이런 유토피아적 기획은 양적, 질적 모든 측면에서 사회적 욕구와 개인적 욕망을 최대한 충족시킬 수 있는 생산력의 증가와 국가의 소멸을 통해 현실화될 수 있다. 르페브르는 현실의 일상생활 속 노동자들의 삶에서 구체적으로 발견되는 감정, 생각, 생활양식, 기쁨, 욕망, 축제 등에 주목하고자 한다. 따라서 일상생활의 비판은 인간주의와 관계되어 있다. 이 인간주의는 삶의 혁명을 목표로 하는 혁명적 인간주의이다. 이런 생각을 갖고 있는 르페브르가 구조주의에 부정적인 태도를 갖는 것은 당연한 것이다. 르페브르는 구조주의를 시간을 초월한 불변의 요소들을 찾고자 하는 정체적인 사상이라고 비판한다. 그가 보기에 푸코의 구조주의는 사유에서 비판적인 면들을 제거하는 것이고 부르디외는 실증적 사회학자에 불과하며 알튀세르는 마르크스주의를 명증하게 만들고 체계화했지만 결국은 마르크스주의를 현실과는 아무런 관계가 없는 경직된 것으로 만들었다(Dosse, 1992, 143).

일상생활에 대한 르페브르의 관심은 드보르Guy Debord, 바네겜 Raoul Vaneigem 등이 주도한 상황주의자 인터내셔널l'Internationale situationniste 운동에 영향을 미친다. 드보르와 바네겜은 1967년에 각각 『스펙터클의 사회La Société du spectacle』와 『일상생활의 혁명 Traité de savoir-vivre à l'usage des jeunes générations』을 출간한다. 원래 아방가르드 예술운동에서 출발했던 상황주의자 인터내셔널 운동은 곧 예술 영역을 넘어 사회 전반에 대한 급진적 비판운동으로 발전했다. 상황주의자들이 비판한 것은 개인들을 일상적 삶의 즐거움으로부터 소외시키는 소비사회이다. 소비사회는 모든 것을 상품으로 만들고 상품은 하나의 물신이 되어 인간을 소외시킨다. 인간은 존재로서의 가치를 잃어버리고 무엇을 구매하고 소비하느냐에 따라 가치가 결정되며 결국은 하나의 이미지로서 유통된다. 이런 사회에서 벗어나 일상의 진정한 삶을 되찾기 위한 방법의 원형을 상황주의자들은 19세기 초 노동운동이었던 러다이트Luddite운동에서 발견하고자 했다. 19세기 초 영국에서 발생했던 러다이트 운동은 일종의 비밀결사 운동으로서 공장의 기계를 파괴하며 자본가들의 착취에 대항해 항거한 노동자들의 계급투쟁 방법이었다. 상황주의자들은 19세기 초의 노동자들이 생산 기계를 파괴했듯이 1960년대의 노동자들은 소비의 기계를 파괴해야 한다고 주장한다. 그들은 단순히 국가권력의 장악이나 제도의 변화를 목적으로 하지 않는다. 그들이 원한 것은 세계에 대한 생각과 인식 자체를 근본적으로 전복시키는 것이다. 다시 말해 단순히 규칙을 바꾸는 것이 아니라 규칙의 규칙을 바꾸는 것이 목적이다. 규칙의 규칙을 전복시키는 행위를 통해 상황주의자들은 상품에서 벗어나 인간의 본래 가치를 되찾고 실현하는 일상의 풍요롭고 충만한 삶을 어떤 구속도 없이 즐기는 인간을 구현하고자 한 것이다. 상황주의자들의 이런 생각들은 68운동 당시 길거리 낙서들에서 그대로 드러난다.

1968년 낭테르 대학은 투렌과 르페브르의 강의를 듣고 드보르와 바네겜의 책을 읽은 학생들로 북적이고 있었다. 그들은 구조의 망에 걸려 자신도 모르게 이미 정해진 방식대로 생각하고 결정하고 행동하는 대리인이 아니라 자신의 자유의지를 확고히 표명하면서 삶을 바꾸기 위해 조직적 운동에 자발적으로 참여하는 행동의 주체들이었다. 학생들이 소르본 대학을 점령하고 강의실과 복도에서 자유롭게 토론하고 파리 시내 거리에 바리케이드를 치고 기존 체계를 조소하고 비판하면서 격렬히 저항할 때 그들의 행동을 누구보다도 먼저 지지하고 이해하려 한 사람이 사르트르였다는 것은 어쩌면 당연한 것이었다. 68운동 당시 유명한 지식인들 중 사르트르만이 유일하게 소르본 대학의 대형 강의실에서 학생들에게 연설을 할 수 있었다. 그전까지 신처럼 군림했던 소르본의 교수들은 학생들 앞에서 강의할 권리를 부여받지 못했다. 그들은 학생들 앞에 앉아 오직 학생들의 질문에만 답할 수 있었다. 선생과 학생 사이의 오래된 일방적 지식 전수의 관계에서 벗어나 보다 평등하고 학생들이 주도하는 교육을 실천하려는 시도들이 등장했다.

구조의 산물이길 거부하면서 삶의 체험을 통해 욕망을 자유롭게 발산하고 상상력과 자발성을 부르짖는 주체들에 의해 주도되는 68운동은 확실히 그동안 구조주의자들이 과학적으로 설명하려고 했던 것과는 전혀 다른 모습을 띠고 있었다. 체계를 비판하며 거리를 점거한 것은 구조가 아니라 인간이었던 것이다. 철학자인 뒤프렌Mikel Duffrenne은 5월은 역사를 부정한 시대에 나타난 역사의 폭력이라고 평가했고 정신분석학자 앙지외Didier Anzieu는 구조주의는 죽었다고 평가했다. 68운동의 파괴력에 놀란 레비스트로스는 모든 과학적 시도가 20년 전으로 돌아가 버렸다고 보면서 절망했다(Dosse, 1992, 149-150).

68운동은 프랑스의 기존 인문사회과학의 전통과 단절하면서 대안적인 비판적 이론체계로서 급성장하던 구조주의에 큰 타격을 줬다. 하지만 이 타격은 반드시 부정적인 효과만을 갖는 것은 아니었다. 68운동은 바르트, 푸코, 알튀세르, 부르디외 등 많은 구조주의자들에게 자신들의 연구를 반성, 성찰하고 새로운 관점을 찾아 떠나도록 하는 계기가 됐다. 구조주의는 경직성을 버리고 더 유연하고 넓은 외연을 갖게 됐다. 후기구조주의post-structuralism라고 불리게 될 것이 태동한 것이다. 게다가 68운동은 당시 제도에 안주하던 기득권자들을 우선적으로 공격했기 때문에 그때까지 대학이라는 제도 안에서 안정적 지위를 확보하지 못하고 있던 구조주의자들은 68운동으로 인해 촉발된 교육개혁의 움직임 속에서 제도 안에 진입해 성공적으로 지위를 확보할 수 있었다. 많은 구조주의 언어학자들이 소르본과 낭테르 대학교에 입성했고 68운동으로 인해 새롭게 만들어진 파리 7대학교와 파리 8(뱅센느)대학교에도 젊은 구조주의자들이 자리를 차지했다. 푸코와 바르트는 콜레주 드 프랑스의 교수가 됐다. 68운동으로 인해 구조주의는 학문적 성숙과 제도적 인정을 획득하게 된 것이다.

하지만 구조주의자들 중에는 68운동을 거치면서 유독 고초를 겪은 사람이 있다. 바로 알튀세르이다. 68운동은 좌파 학생들이 주도한 것이었기 때문에 마르크스주의는 68운동의 이론적 동력이었다. 마르크스주의를 과학적으로 재해석해 온 알튀세르의 이론이 68운동 당시 이론적 논쟁의 대상이 된 것은 당연한 일이었다. 68운동을 이끈 학생들이 사회적 실천을 중요시하면서 마르크스의 청년기 저작에서 나타나는 인간주의에 관심을 가진 것에 비해 알튀세르는 인간주의를 폐기해야 할 비과학적인 이데올로기로 간주했다. 그가 보기에 역사를 만들고 굴러가게 하는 것은 자유의지를 갖고 참여하는 인간이 아니다. 바로 착취받는 대중이 역사를 만드는 것이고 바로 계급투쟁이 역사를 굴러가게 하는 동력이다. 하지만 마르크스주의를 과학적 이론이란 관점에서 접근하면서 실제적인 사회운동보다는 이론적 실천을 강조한 알튀세르의 생각은 특히 지식인이 아닌 인민의 투쟁 의지를 바탕으로 한 혁명을 주장하던 마오주의자moist들의 공격을 받았다. 마오주의자들이 보기에 알튀세르는 이론적 실천이란 이름으로 기존 체제에 안주하려는 지식인에 불과했다. 68운동을 겪은 뒤 알튀세르는 일련의 자기비판적 책들을 출판하면서 지나치게 이론에 치우쳐 있었던 자신의 생각을 수정할 수밖에 없었다.

4. 랑시에르의 각성

알튀세르의 제자들 중에서 68운동을 겪으면서 알튀세르에 대해 공개적이고 신랄한 비판을 가하면서 결별을 선언하고 새로운 길을 모색한 사람이 있었다. 그가 바로 랑시에르이다. 랑시에르는 ENS에서 알튀세르가 주도한 마르크스에 대한 연구 모임에 참석하면서 공부를 했고 1965년『자본론 읽기Lire le Capital』제1권의 공동집필자로 참여했다. 하지만 68운동은 그와 스승 사이에 건널 수 없는 심연을 만든 계기가 됐다.

68운동이 끝난 1969년 랑시에르는 알튀세르의 이론을 비판한 글을 쓴다. 「기억을 위해: 이데올로기 이론에 대하여Pour mémoire: sur la théorie de l'idéologie」라는 이 짧은 글은 1970년 아르헨티나에서 발표되고 1973년 프랑스에서도 발표된다. 1974년 랑시에르는 알튀세르의 이론을 조목조목 비판한 『알튀세르의 교훈 La leçon d'Althusser』을 출판한다. 랑시에르가 보기에 알튀세르의 이론althusserisme은 68년 5월의 바리케이드 위에서 죽은 낡은 생각일 뿐이다(Rancière, 1974, 10). 왜냐하면 알튀세르의 이론적 전제들을 갖고서는 68운동의 정치적 의미를 전혀 이해할 수 없게 될 뿐만 아니라 심지어는 마르크스주의의 원칙을 배반하고 68운동을 공격하는 수정주의자들의 도구로 사용되기 때문이다. 다시 말해 알튀세르의 이론은 수정주의일 뿐이라고 본 것이다.

　『알튀세르의 교훈』은 알튀세르가 1973년 출판한 『존 루이스에 대한 답변Réponse à John Lewis』을 논평하는 형식으로 알튀세르의 이론을 비판한 책이다. 1972년 영국의 공산주의 철학자 존 루이스는 『Marxism Today』 1월호와 2월호에 알튀세르의 이론을 비판한 「알튀세르 사례The Althusser Case」라는 논문을 발표한다. 『존 루이스에 대한 답변』은 바로 이 논문의 주요 명제들에 대한 알튀세르의 논박으로 구성되어 있다. 이 책에서 알튀세르는 루이스가 마르크스의 철학을 세 가지 명제로 요약한다고 본다.

명제 1. 역사를 만드는 것은 인간l'homme이다.

명제 2. 인간은 역사를 초월하면서 역사를 만든다.

명제 3. 인간은 자신이 만드는 것만을 안다.

이 세 가지 명제 각각에 대해 알튀세르는 마르크스주의와 레닌주의의 명제를 다음과 같이 대립시킨다.

명제 1. 역사를 만드는 것은 대중이다.

명제 2. 계급투쟁이 역사의 동력이다.

명제 3. 사람들on은 존재하는 것만을 안다.

알튀세르가 보기에 역사를 만드는 것을 인간이라고 보는 것은 부르주아 이데올로기이다. 루이스가 제시한 명제는 모두 인간을 모든 것의 최초 창조자로 보는 것이다. 인간은 역사를 만들 뿐만 아니라 기존의 역사를 초월하면서 역사를 만든다. 마르크스주의에서 초월transcendance이라는 말은 부정의 부정négation de la négation을 의미한다. 어떤 것(A)과 그것을 부정하는 것(B)이 만나 서로를 뛰어넘으면서 새로운 것(C)에 도달하는 것이다. 다시 말해 원래 있는 것의 상태를 변화시켜서 완전히 다른 상태로 만

116

들어내는 것이다. 인간이 역사를 초월하면서 역사를 만든다는 말은 이미 존재하는 역사를 원재료로 삼아 그것을 뛰어넘는 새로운 역사를 만든다는 말이다. 이때 이미 존재하는 역사 또한 동일한 방식으로 인간이 만든 것일 수밖에 없으므로 인간은 역사의 기원임과 동시에 역사 안에서 역사를 만드는 전능한 존재가 된다. 이것은 인간이 본질적으로 자유로운 존재라는 것을 의미한다. 알튀세르는 이런 논리 안에 사르트르의 자유의지를 가진 인간의 모습이 담겨 있음을 발견한다.

알튀세르는 인간이 역사를 만든다는 생각은 18세기 신흥 부르주아지가 만들어낸 것이라고 주장한다. 당시 부르주아지가 인간이 역사를 만든다는 생각을 만들어낸 것은 바로 봉건제 이데올로기와 투쟁하기 위해서이다. 왜냐하면 봉건제 사회에서는 신이 역사를 만든다고 생각하기 때문이다. 인간이 역사를 만든다는 주장은 신에 의해, 신이 정한 목적에 따라 역사가 진행된다는 봉건제의 이데올로기를 전복시키고 부르주아와 프티 부르주아가 지배하는 사회를 만드는 데 있어서 중요한 이데올로기로서 작용한다. 부르주아지는 인간의 초자연적인 창조력을 강조함으로써 인간의 노동을 가능하게 만드는 물질적 조건을 보지 못하게 만든다. 인간의 노동을 가능하게 만드는 물질적 조건(생산수단)을 소유하고 있는 것은 부르주아다. 하지만 역사를 만드는 것은 인간이라고 강조하게 되면 마치 모든 사람들이 계급에 관계없이 동등한 창조력을 가진 존재처럼 인식된다. 이렇게 해서 인간이 역사를 만든다는 주장은 프롤레타리아가 노동의 물질적 조건을 보지 못하게 만드는 이데올로기로 기능하게 된다. 결국 인간이 역사를 만든다는 주장은 부르주아의 지배를 공고하게 만드는 부르주아 이데올로기인 것이다.

부르주아 이데올로기에서 역사를 만드는 인간은 현실 속에서 구체적인 실체를 갖고 있지 않은 관념적인 존재이다. 반면에 대중은 계급 사회 속에서 착취당하는 사람들이다. 자본주의 사회에서 착취당하는 대중은 프롤레타리아를 중심으로 모인 다양한 집단의 사람들이다. 이처럼 대중은 다양한 사람들의 집합이기 때문에 하나의 인격personnalité을 가진 단일한 정체성의 주체가 될 수 없다. 주체라는 개념에 대해 극히 부정적인 생각을 갖고 있는 알튀세르는 역사와 관련된 부르주아 이데올로기와의 대립 관계에서 대중보다는 계급투쟁이 더 핵심적인 개념이라고 생각한다. 계급투쟁이 역사의 동력이라고 말하는 순간 인간이라는 관념적인 주체 개념은 역사에서 사라지기 때문이다. 계급투쟁이 역사의 동력이라는 명제 안에는 인간이란 주어도 없고 만든다faire는 동사도 없다. 더 이상 "누가 역사를 만드는가?"라는 역사의 주체에 대한 질문이 제기될 수 없는 것이다.

사회에 계급이 있다는 것은 계급투쟁이 있다는 것이다. 계급의 존재는 반드시 한 계급에 의한 다른 계급의 착취를 전제하기 때문이다. 착취가 곧 계급투쟁이기 때문에 계급투쟁에 의해 계급이 분할된다고 할 수 있다. 따라서 계급을 이해하려면 먼저 계급투쟁을 이해해야 한다. 역사에 있어서 계급투쟁이 가장 앞에 등장하는 것은 이런 이유 때문이다. 이런 논리를 바탕으로 알튀세르는 마르크스-레닌주의에 있어서 명제1은 명제2에 종속된다고 본다. 경제라는 하부구조와 계급착취 안에 뿌리를 둔 계급투쟁이 역사를 움직이는 것이기 때문에 역사는 '주체도 목적도 없는 과정procès sans Sujet ni Fin'으로 이해될 수 있다. 이렇게 역사를 계급투쟁의 관점에서 이해함으로써 알튀세르는 주체와 초월이란 개념에서 벗어난다.

알튀세르가 인간이란 주체 개념을 폐기했다고 해서 현실의 구체적인 인간들의 활동을 부정한 것은 물론 아니다. 다만 그는 사회를 분석하기 위해서 인간에서부터 출발하는 것을 거부하는 것이다. 그는 사회에 대한 분석은 존재하는 생산양식의 생산관계들이나 계급관계, 계급투쟁에 대한 분석에서 출발해야 한다고 본다. 현실의 구체적 인간들은 바로 그런 물질적 조건들 속에서 접근될 수 있다. "모든 개별 인간, 다시 말해 사회적 개인은 주체의 형태를 띨 때만 실천의 행위자일 수 있다. '주체-형태'는 실제로 사회적 실천 행위자인 모든 개인의 역사적 존재 형태이다. … 개인 행위자들은 따라서 항상 주체의 형태 하에서 주체로서 움직인다. 하지만 그들이 필연적으로 주체라는 것이 사회-역사적 실천의 행위자들을 (철학적 의미에서의) 역사의 주체le sujet로 만들지는 않는다. 행위자-주체들은 생산관계와 재생산관계에 의해 결정된 상태에서만 역사 안에서 그리고 그들의 형태 안에서 능동적이다"(Althusser, 1973, 71). 현실의 구체적 인간들은 당연히 정치적 행동을 한다. 다만 그들의 행동은 초월이나 인간의 자유의지에 의해 결정되는 것이 아니라 계급투쟁이나 노동자운동의 상태, 마르크스주의 이론과의 관계에 의해 결정된다.

세 번째 명제인 인간이 자신이 만드는 것만을 안다는 것은 인간은 역사를 안다는 말이다. 왜냐하면 첫 번째 명제에 따르면 역사를 만드는 것은 인간이기 때문이다. 알튀세르는 이 명제에 대해 사람들은 존재하는 것만을 안다는 명제를 대립시킨다. 알튀세르는 앞서서 보편적 존재로서의 인간이 역사를 만든다는 것을 부정했기 때문에 인간이란 개념을 사용하지 않고 불특정

다수를 지칭하는 사람들on이란 단어를 사용한다. 사람들이 존재하는 것만을 안다는 것은 존재가 생각에 우선한다는 의미를 갖는다. 먼저 물질의 객관성이 존재하고 그 후에 그 물질을 아는 주관성이 나타나는 것이다. 이것은 기본적으로 유물론적 주장이다. 자연과 관련된 경우 사람들이 자신이 만든 것이 아니라 존재하는 것만을 안다는 것은 당연한 말처럼 들린다. 왜냐하면 사람들은 자연을 만들지 않기 때문이다. 오직 극단적인 관념론자들만이 사람들이 자연을 만든다고 주장할 수 있을 것이다. 그런데 역사와 관련된 경우에는 혼동이 올 수 있다. 특히 인간이 역사를 만든다고 생각하게 되면 완전한 오류에 빠지게 된다. 역사는 자연과는 달리 인간의 활동과 밀접히 연관되어 있기 때문에 사람들은 역사를 쉽게 알 수 있다고 생각하는 것이다. 하지만 알튀세르가 보기에 역사는 오히려 자연보다 더 알기 어려운 것이다. 왜냐하면 대중은, 자연의 경우에는, 직접적 실천을 통해 자연과 맞부딪치면서 일정한 관계를 맺지만 역사의 경우에는 지배계급이 제공하는 역사에 대한 설명을 통해서 역사를 안다고 착각하게 되기 때문이다. 다시 말해 대중은 지배계급의 이데올로기에 빠져 있기 때문에 역사를 알 수 없다. 대중은 이데올로기가 아니라 오직 과학을 통해서만 역사를 알 수 있다. 물론

이 과학은 마르크스주의이다.

　이런 알튀세르의 주장에 대해 랑시에르는 정면으로 반박한다. 알튀세르는 인간이 역사를 만든다는 명제는 부르주아지가 봉건제의 신에 대항하는 개념으로 인간을 내세우면서 생긴 것이라고 주장한다. 하지만 랑시에르가 보기에 봉건주의자들은 신이 역사를 만든다고 주장한 적이 없다. 그들은 오히려 사회는 순전히 인간이 만든 것이기 때문에 부르주아들이 주장하는 자연권은 존재하지 않는다고 봤다. 또한 부르주아지에게 있어서도 인간은 역사를 만드는 자유로운 보편적 존재가 아니다. 부르주아지에게 있어서 인간은 감성을 통해 생산된 느낌에 따라 행동하는 물질적 존재이다. 이때 감성은 시간, 장소, 사물 그리고 말을 분할하는 것이다. 이 분할을 통해 소수는 다수에 대한 최대한의 지식과 권력을 행사한다. 부르주아지는 인간을 사적 이익을 추구하면서 감성의 분할 체계를 통해 계급착취를 정당화하는 물질적 존재로 본다. 그런 인간은 교육, 보호, 감시를 통해 끊임없이 관리되어야 하는 존재이다. 따라서 부르주아지가 생각하는 인간은 인간주의가 말하는 초월적 인간과는 관계가 없는 것이다. 부르주아 이데올로기의 핵심은 역사를 창조하는 인간이 아니라 감성의 문제이다(Rancière, 1974, 20-22).

랑시에르가 보기에 부르주아지에게 있어서 인간의 문제는 역사의 주체이냐 아니냐의 문제가 아니라 인간의 본성이 무엇이냐의 문제이다. 부르주아지는 인간을 교육이나 사회적 상황에 의해 만들어지는 물질적 존재로 본다. 그런데 교육과 사회적 상황은 모두 인간이 만드는 것이다. 사회는 교육을 시키고 시공간을 분배하는 체계를 만드는 계급과 교육을 받고 정해진 체계에 따르는 계급으로 분할된다. 부르주아지는 사회의 분할이 인간의 본성 때문에 발생하는 것으로 보는 것이다. 그런데 모든 인간이 교육과 사회적 상황에 의해 결정된다면 인간을 바꾸기 위해서는 사회를 바꾸면 된다. 문제는 누가 사회를 바꾸느냐 하는 것이다. 랑시에르가 보기에 청년 마르크스는 바로 이 문제에 답변을 하고자 한 것이다. 그런데 알튀세르는 이 실천의 문제를 역사의 주체라는 이론의 문제로 바꿔버린다.

부르주아지에게 있어서 인간의 본성은 역사적으로 제한되는 것이 아니라 자연과의 관계 속에서 결정되는 것이다. 인간 본성에 대한 부르주아지의 이데올로기에서 벗어나기 위해 마르크스는 『경제학-철학 수고Manuscrits de 1844』에서 인간은 단순한 자연적 존재가 아니라 "인간적 자연적 존재"라고 정의한다. 마르크스가 인간을 이처럼 정의한 이유는 인간을 단순히 자연적 존재로 정의하는 것은 인간의 본성을 인간과 대상 사이의 비시간적 관계 속에서 이해하는 것이기 때문이다. 인간과 대상, 나와 너, 남성과 여성 식의 이항대립관계는 단순한 부정의 관계로서 이 경우에 역사는 단지 우발적으로 생겨날 수밖에 없다. 랑시에르가 보기에 마르크스가 인간에 대한 부르주아 이데올로기 안에서 비판하는 것은 인간을 역사의 주체로 만들었다는 것이 아니라 주체에게서 역사를 배제했다는 것이다. 마르크스는 인간을 역사적 존재로 보고자 한다. 따라서 그는 인간에 맞서는 개념으로 경험적 개인들로서의 인간들을 내세운다. 마르크스가 보기에 역사를 만드는 것은 인간이 아니라 인간들이다. 주어진 사회적 관계 속에서 자신의 존재를 재생산하기 위해 존재수단들을 생산하고 계급투쟁 속에서 싸우는 구체적 개인들이 역사를 만드는 것이다. 결국 마르크스는 부르주아지가 역사적 존재 형태들을 자연의 비시간적 자료들로 변형시킨다고 비판하면서 인간이 갖는 역사성을 강조한 것이다. 랑시에르는 바로 이 지점에서 마르크스와 알튀세르가 갈라진다고 생각한다. 시간에서 벗어나 변하지 않는 구조를 밝히는 과학이라는 관점에서 마르크스주의에 접근한 알튀세르에게 있어서 모든 것이 역사적으로 제한된다는 생각은 받아들이기 어려운 것이기 때문이다.

알튀세르도 인간이 역사를 만든다는 명제에 대해 대중이 역사를 만든다는 명제를 대립시킨다. 하지만 이때 대중은 구체적 개인들이라기보다는 다양한 집단의 구성원들로 익명성을 띤 존재들로 제시된다. 게다가 마지못해 사용된 대중이란 개념도 즉각 계급투쟁이란 반인간적인 개념으로 대체된다. 사실 대중이란 개념은 마르크스에게서는 발견되지 않는 개념이다. 대중을 이론으로서 개념화한 것은 마오쩌둥이다. 마오는 역사를 창조하는 것은 인민대중이라고 주장하면서 문화혁명을 이끌어낸다. 이때 마오의 대중은 역사의 주체라는 추상적인 철학적 개념과는 관계가 없는 매우 실천적 개념이다. 중요한 것은 역사의 주체가 누구냐가 아니라 혁명을 이끌어 내는 대중의 능력이 무엇이냐 하는 것이다. 마오는 억압받는 자들은 지적 능력을 갖고 있으며 그 지적 능력으로부터 해방의 무기가 태어난다고 주장한다(Rancière, 1974, 39-40). 하지만 혁명을 통해 사회를 변화시키는 것이 중요한 것이 아니라 오로지 이데올로기에 맞서 철학을 구하는 것이 목적인 알튀세르에게 있어서 대중은 인간을 대체해야 할, 그리고 계급투쟁에 의해 대체되어야 할 추상적 개념일 뿐이다. 랑시에르는 세 번째 명제와 관련된 알튀세르의 주장을 비판하면서 이 점을 부각시킨다.

알튀세르는 인간은 자신이 만든 것만을 안다라는 명제를 비판하면서 자연과 역사를 비교한다. 그는 사람들이 자연은 인간이 만든 것이 아니라 알기가 어렵지만 역사는 인간이 만든 것이라 알기가 더 쉽다고 생각하는 것을 비판하면서 오히려 역사가 자연보다 더 알기 어려운 것이라고 주장한다. 왜냐하면 지배계급의 이데올로기가 역사를 잘못 알도록 만들기 때문이다. 알튀세르가 이렇게 말하는 이유는 자연을 알기 위해서 과학자들이 개입해야 하듯이 역사를 알기 위해서는 철학이 필요하다고 주장하기 위해서이다.

하지만 랑시에르는 마르크스의 『자본론』에 나오는 문장을 인용하면서 마르크스가 사실은 알튀세르와는 반대되는 주장을 했음을 밝힌다. 마르크스는 다윈의 자연사 연구를 언급하면서 이렇게 말한다. "사회적 인간의 생산기관들의 역사는 비슷한 연구의 대상이 될 만하지 않은가? 그리고 비코Vico가 말하듯이 인간의 역사는 우리가 자연이 아니라 역사를 만들었다는 점에서 자연의 역사와는 구별되기 때문에 이런 연구를 완수하는 것이 더 쉽지 않을까?"(Rancière, 1974, 30에서 재인용). 알튀세르는 대중은 자연과 직접적인 생산관계를 맺고 있기 때문에 역사보다는 자연을 더 잘 알 수 있지만 역사는 지배계급의 이데올로기 때문에 잘 알 수 없다고 주장한다. 이에 대해 랑시에르는 대중이 자연과 맺고 있는 직접적 관계를 제대로 보지 못하게 하기 위해 지배계급이 자연에 대한 설명도 왜곡하지 않을 이유가 뭐냐고 반문한다. 그리고 실제로 과거 지배계급은 종교의 이름으로 자연에 대한 왜곡된 지식을 대중에게 전파했다. 더욱더 심각한 문제는 대중이 자연과 직접적 관계만을 맺는 것이 아니라는 것이다. 랑시에르는 마르크스가 인간들은 이불이나 베개만을 만드는 것이 아니라 사회관계를 만들고 그 사회관계 안에서 이불과 베개를 만든다고 주장한 글을 인용하면서(Rancière, 1974, 32) 알튀세르가 자연과 대중 사이의 직접적 관계만을 강조한 것은 대중에게는 자연, 수공업, 일차적 육체노동, 농업 등을 연결시키고 지식인에게는 학문과 사상을 연결시키는 부르주아지의 오래된 구분법을 따른 것에 불과하다고 비판한다. 자연의 단순함과 역사의 복잡함을 대립시키면서 단순한 육체적 생산의 임무는 대중에게 그리고 복잡한 지적 작업은 지식인, 전문가에게 분배하는 것은 사실상 부르주아지가 퍼트려 온 분할의 논리라는 것이다.

알튀세르의 논리에 따르자면 역사를 만드는 것은 대중이지만 그 대중은 지식인의 도움을 받아 부르주아 이데올로기를 극복할 수 있도록 교육을 받아야만 역사를 만들 수 있다. 알튀세르의 논리는 교육하는 자와 교육받는 자, 노동을 지시하는 자와 노동하는 자, 혁명을 이끄는 자와 혁명을 수행하는 자 사이의 분할을 바탕으로 하고 있다는 것이 랑시에르의 생각이다. 68운동을 거치면서 알튀세르는 자기비판을 하고 더 이상 학생들에게 얌전히 선생의 말을 들으라고 말하지는 않게 됐다. 하지만 그렇다고 반대되는 말을 하지도 않는다. 그는 여전히 아는 자와 모르는 자 사이의 분할에 기초해 생각을 전개하고 있다.

알튀세르가 그토록 역사의 주체에 대해 공격하는 이유는 그가 이데올로기와 철학을 구분하기 때문이다. 그는 철저히 철학의 관점에서 이데올로기를 비판하고자 한다. 그렇기에 그는 철학적으로는 성립할 수 없는 역사의 주체로서의 인간 개념을 거부하는 것이다. 그리고 그는 철학으로 이데올로기에 맞서는 이론적 투쟁을 지식인의 실천으로 간주한다. 반면에 랑시에르가 보기에 마르크스는 철학과 실천에 대해 훨씬 유연한 자세를 보인다. 마르크스는 이론적 측면에서는 잉여가치, 생산력과 생산관계, 생산양식 등을 이해하기 위해서는 인간 개념에서 출발할 수 없다는 것을 분명히 하지만 실천을 이야기할 때는 인간이 자연과 맺는 관계가 사회관계의 기원이 된다고 하면서 인간(혹은 인간들)이 역사를 만든다는 것을 인정한다. 마르크스는 이론의 측면에서는 역사의 주체라는 개념을 언급하지 않으면서 실천의 측면에서는 인간이 역사를 만든다고 주장하는 유연성을 보이는 것이다. 알튀세르는 사람들은 존재하는 것만을 안다고 주장하지만 마르크스는 의식을 결정하는 것은 사회적 존재이기 때문에 지식과 존재를 구분하는 것은 부르주아지의 관점을 표명하는 과거 유물론의 비변증법적 사고가 보이는 특징이라고 본다(Rancière, 1974, 36-37).

마르크스는 노동자들에게 단지 기계를 돌리고 생산성을 높이는 일만을 기대하지 않는다. 그는 노동자들이 세상을 바꿔 가기를 원한다. 노동자들을, 대중을 역사의 창조자로 본 것이다. 따라서 랑시에르가 보기에 대중은 자연뿐만 아니라 역사와도 직접적인 관계를 맺는다. 역사를 만드는 것은 인간이 아니라 대중이라고 말하는 것은 역사의 주체에 대해 이야기하는 철학적 명제가 아니다. 그것은 지배받는 자들은 항상 교육과 도움을 필요로 한다는 부르주아 이데올로기에 맞서는 실천적 명제이다. 랑시에르는 피지배자들의 실천 속에서 세상을 바꾸는 새로운 지적 능력이 태어난다고 본다. 그런데 알튀세르는 이런 실천적 개념들을 모두 철학적 이론의 문제로 바꿔버린 것이다. 알튀세르에 대한 랑시에르의 비판의 핵심은 바로 이것이다. 혁명을 말해야 하는 지점에서 알튀세르는 "주체 없는 과정"을 이야기하는 것이다. 알튀세르는 역사의 주체 개념을 열심히 부정하면서 그것이 마르크스주의의 이론적 혁명이라고 주장한다. 랑시에르가 보기에는 셸링에서 포이어바흐, 니체, 하이데거, 구조주의에 이르기까지 철학은 이미 오래전부터 주체를 제거해왔다. 그런데도 아직까지 여전히 주체 없는 과정을 말하는 것은 철학자들에게 주체라는 오래된 문제에 대한 새로운 요리법을 제공하는 것 외에는 아무 의미가 없는 것이다. 랑시에르가 보기에 알튀세르의 이론은 결국 철학을 하기 위한 철학일 뿐인 것이다. 그렇기 때문에 당시 철학계가 알튀세르의 이론을 폭넓게 그리고 열성적으로 받아들인 것이라고 랑시에르는 본다.

알튀세르의 철학이 갖는 정치적 효과는 분명하다. 알튀세르는 프롤레타리아에게 역사를 만드는 것은 인간들이라고 말하면서 프롤레타리아가 큰 힘을 갖고 있다는 착각을 하도록 만드는 것은 부르주아지의 음모라고 주장한다. 왜냐하면 사회에서 진정으로 강력한 힘을 갖고 있는 것은 생산수단과 지식을 소유한 부르주아지이기 때문이다. 인간들이 역사를 만든다는 부르주아지의 감언이설에 속아 프롤레타리아는 자신을 혁명으로 이끌어줄 노동조합과 당을 만들지 못하게 된다는 것이 알튀세르의 생각이다(Rancière, 1974, 44-45). 노동자들은 노동만 하고 역사를 알고 혁명을 조직하는 일은 노동조합과 당과 같은 전문가에게 맡겨야 한다는 분할의 논리가 알튀세르의 생각을 지배한다고 볼 수 있다. 랑시에르는 알튀세르가 그토록 비판했던 사르트르의 인간주의가 실제적인 사회변화를 이끌어내는 운동을 구체적으로 조직하는 데 이론적으로 실천적으로 훨씬 더 많이 기여했음을 밝히면서 알튀세르의 이론은 "마오 군대의 전투원들을 좌파 연합의 투표자들로"(Rancière, 1974, 53) 바꿨을 뿐이라고 냉정히 평가한다.

5. 교육과 이데올로기 비판

랑시에르는 68운동을 겪으면서 대학 안에서 진행되는 이론적 논쟁들과 사회에서 실제로 나타나는 대중의 봉기 사이의 괴리를 느낀다. 특히 그가 청년 시절 내내 빠져 있던 알튀세르 이론이 가진 정치적 의미가 그가 생각했던 것과는 다르다는 것을 깨닫는다. 랑시에르가 보기에 알튀세르의 이론적 전제들은 68운동과 같은 대중 운동의 이론적 기반이 되기는커녕 오히려 학생봉기가 갖는 정치적 의미를 이해할 수 없도록 만들었을 뿐만 아니라 심지어는 반좌파적 공격에 이용되는 수단이 됐으며 학문적 지식을 보호하기 위한 방어막으로 활용된다(Rancière, 1974, 228). 이렇게 된 이유를 랑시에르는 알튀세르의 이론이 이데올로기와 과학을 구분한 것에서 찾는다. 알튀세르의 이데올로기 개념에 대한 랑시에르의 비판은 특히 교육의 문제와 연결되면서 훗날 랑시에르가 『무지한 스승Le Maître ignorant: Cinq leçons sur l'émancipation intellectuelle』에서 지적 평등과 해방을 주장하게 되는 여정의 출발점이 된다.

랑시에르는 알튀세르의 이데올로기 개념을 비판하면서 어떻게 계급투쟁의 장인 이데올로기가 철학의 사유 개념으로 변하는지를 보여준다. 알튀세르에게 있어서 "이데올로기는 계급사회에서 실재의 표상이지만 반드시 왜곡된 표상이다"(Rancière, 1974, 230에서 재인용). 이데올로기는 사람들에게 자신들이 사는 사회체계에 대한 객관적 지식이 아니라 왜곡된 지식을 제공함으로써 계급지배체계를 유지시키는 기능을 한다. 또한 이데올로기는 개인들을 사회구조에 의해 결정된 각자의 자리와 연결시킴으로써 사회적 응집력cohésion sociale을 만들어낸다. 따라서 이데올로기는 계급 없는 사회를 포함한 모든 사회에 반드시 필요한 것이다. 랑시에르는 여기에서 사회적 응집력이란 개념을 문제 삼는다. 이데올로기가 계급사회이든, 계급 없는 사회이든 관계없이 모든 사회에서 사회적 응집력을 만들어내는 반드시 필요한 기능을 한다는 알튀세르의 주장은 마르크스주의적이라기보다는 콩트Comte나 뒤르켐Durkheim의 사회학에 속하는 것이라고 랑시에르는 본다. 왜냐하면 사회적 응집력은 역사와 관계없이 모든 사회집단에 필요한 것으로 사회적 응집력이란 관점에서 이데올로기 일반에 접근하게 되면 계급투쟁에 대해 생각하기 전에 사회에 대한 형이상학적 담론에 대해 먼저 생각해야 하기 때문이다. 계급투쟁보다 이데올로기를 먼저 앞에 세우면서 부르주아 사회학의 관점을 택한 알튀세르는 계급투쟁을 설명하기 위해 과학을 끌어들이게 되고 결국 이데올로기와 과학 사이의 대립구조를 만들면서 계급투쟁을 형이상학의 문제로 만들어 버린다.

알튀세르는 사회적 응집력을 만들어내는 이데올로기 일반을 이야기하면서 동시에 계급지배의 수단이 되는 이데올로기를 이야기한다. 랑시에르가 보기에 이것은 부르주아 사회학과 사적 유물론이라는 이질적인 생각이 공존하는 모순적 상황이다. 알튀세르는 이데올로기를 일반적인 사회학의 관점에서 규정하면서 동시에 계급사회 안에서의 이데올로기의 기능에 대해 이야기한다. 이것은 계급사회를 분석하는 마르크스주의의 개념으로 사회 일반에 대해 이야기하는 상황을 초래한다. 알튀세르는 계급사회 안에서 이데올로기는 계급의 분할이 존재하기 때문에 왜곡적인 것이기도 하지만 동시에 사회구조 일반이 사회관계를 결정하는 과정을 개인이 파악할 수 없기 때문에 왜곡적인 것이라고 말하는 것이다.

랑시에르가 보기에 알튀세르의 문제는 이데올로기를 계급들의 투쟁의 장으로 보지 않고 하나의 총체성으로부터 나온 자연적 요소로 본 것이다. 알튀세르는 계급투쟁의 이데올로기 형태들에 대해 분석하는 대신에 이데올로기가 계급 분할에 의해 어떻게 '중층결정'되는지를 분석한다. 그래서 알튀세르는 계급 이데올로기들에 대해 말하는 것이 아니라 계급사회의 이데올로기에 대해 말하게 된 것이다. 알튀세르에게 있어서 이데올로기 안에서의 계급투쟁은 이데올로기와 과학 사이의 계급투쟁으로 변질된다(Rancière, 1974, 237). 알튀세르의 주장을 정리하면 이데올로기는 모든 사회에서 사회구조가 결정한 위치들과 개인들을 연결시키는 기능을 하는데 계급사회에서는 개인들을 계급지배에 의해 결정된 위치들과 연결시키면서 사회체계를 유지시킨다. 따라서 계급지배를 전복시키기 위해서는 이데올로기가 아닌 과학이 필요하다. 이때 계급지배를 유지시키는 이데올로기는 지배계급의 이데올로기이다. 알튀세르는 이데올로기 일반에 대한 논의로부터 계급사회의 이데올로기를 설명하고 있기 때문에 지배계급의 이데올로기는 여러 계급 이데올로기들 중의 하나가 아니라 단 하나의 이데올로기로 제시된다. 그리고 이 보편적 이데올로기의 지배에서 벗어나기 위해서는 이데올로기와 모순의 위치에 있는 타자로서의 과학이 필요하게 된다. 이렇게 해서 계급투쟁은 진실된 담론 영역과 거짓된 담론 영역 사이의 투쟁으로 이해된다. 이것은 형이상학의 역사에서 수없이 되풀이되어 온 진리와 거짓, 과학과 의견, 실재와 환영을 분할하는 담론의 또 다른 변형일 뿐이다. 알튀세르는 이렇게 이데올로기와 과학을 구분하면서 형이상학의 영역에 안착한다.

랑시에르는 알튀세르의 이데올로기 이론이 어떤 정치적 효과를 갖는지를 보여주기 위해 교육의 문제를 거론한다. 그는 알튀세르가 대학의 교육 문제에 대해 거론한 글을 분석하면서 알튀세르의 이데올로기 이론이 현실의 정치적 문제에 대해 어떤 해법을 제시하는지를 관찰함으로써 그것이 갖는 정치적 효과를 폭로한다. 랑시에르가 주목한 알튀세르의 글은 1963년 11월에 촉발된 학생들의 교육개혁시위에 대해 알튀세르가 입장을 밝힌

논문 「학생문제Problèmes étudiants」이다.

1963년 교육부 장관이던 푸쉐Fouchet는 대학교육을 개혁하기 위한 정책을 내놓는다. 푸쉐개혁안le réforme Fochet이라 불린 이 정책은 학생들이 대학교에서 2년간의 공통교육과정을 마친 후에 1년의 학사licence학위 취득을 위한 단기과정과 2년의 석사maîtrise 학위 취득을 위한 장기과정 중 하나를 선택하도록 하는 것과 학생선발과 진급시험을 제도화하는 것을 주요 골자로 한 것이다. 이 정책은 학생들에게 전문교육을 강화하고 능력 있는 학생들이 성공할 수 있는 제도적 장치를 마련하겠다는 취지에서 입안된 것이었다. 하지만 학생들은 이 개혁안이 학생들의 수업선택권을 막고 경쟁을 유발함으로로써 학생들을 철저히 교육체계에 종속된 노예로 만드는 것이라고 비판했다. 게다가 1960년대 들어 급증하기 시작한 대학생들로 인해 강의실, 도서관 등의 교육시설의 부족 현상이 대두되기 시작했다. 중산층은 물론 노동자계급의 자녀들 중에서도 대학에 진학하는 사람들이 늘면서 생활비 문제도 학생들의 심각한 고민거리가 됐다. 이런 일련의 상황들이 겹치면서 1963년 11월 학생들은 마침내 전면적인 대학개혁을 요구하면서 수업거부와 거리시위를 감행했다. 장기적인 관점에서 보자면 1963년 11월의 학생운동이 68운동으로 이어졌고 68운동 후에 일어난 프랑스의 교육개혁은 63년 11월의 시위에서 제기된 학생들의 개혁요구를 어느 정도 수용하면서 무마시키려는 시도였다고 해석될 수도 있다.

1963년 11월 당시 학생운동조직은 프랑스공산당에 대해 비판적 입장을 갖고 있던, 그람시Gramsci, 르페브르 등의 영향을 받은 트로츠키주의자들과 중국공산당의 노선을 지지하는 마오주의자들에 의해 장악되고 있었다. 일상생활과 문화적 삶에 대해 많은 관심을 기울이던 이 학생들은 강의실, 도서관 등 교육시설의 전면적 확충을 요구하는 한편 생활이 어려운 학생들을 위해 '학생임금'제도를 시행할 것을 주장했다. '학생임금'제도란 대학생을 노동자로 간주하고 국가가 매달 임금을 지급하는 것이다. 이들은 학생조직을 학생노동조합의 형태로 이해하려 했다. 또한 이들은 대학에서 전통적으로 실행돼 온 일방적 강의 방식을 기반으로 한 교수와 학생 사이의 위계적 분리를 거부하고 교수와 학생 사이의 동등한 대화를 바탕으로 학생들의 자율적인 소집단학습과 열린 교육을 할 것을 주장했다. 당시 대학문제에 대한 프랑스공산당의 해결방안이 시설의 확충이나 보조금 지급 등의 양적인 개선에 초점이 맞춰져 있었던 것에 반해 학생조직에서는 교육관계 전반이 갖고 있는 문제를 지적하고 질적인 개혁을 요구했다. 학생들은 교육의 핵심인 교수와 학생 사이의 관계를 자본가와 노동자 사이의 계급관계와 유사한 것으로 인식했고 그러한 인식을 바탕으로 대학개혁방안을 마련할 것을 요구한 것이다.

대학교육 전반에 대한 학생들의 비판과 개혁요구가 들끓던 상황에서 ENS에서 부르디외와 파스롱의 강의가 개설된다. 당시 부르디외와 파스롱은 대학교육을 통한 계급의 재생산에 대한 연구를 한창 진행 중이었다. '인간과학에서의 이론과 방법'이란 주제의 강의에서 대학에 대한 사회학적 분석문제가 거론됐다. 첫 번째 강의에서 한 학생이 일어나 비판적인 의견을 발표한다. 그는 UNEF l'Union Nationale des Etudiants de France(프랑스학생연합)산하의 소르본대학조직인 FGEL la Fédération des Groupes d'Études de Lettres(인문학습집단연맹)의 간부로 활동하던 케잔Bruno Queysanne이었다. 그는 대학이란 제도와 공간에 대한 비판을 전통적인 강의 형식을 통해 한다는 것이 갖는 모순을 지적한다. 케잔이 보기에 부르디외와 파스롱은 한편에서는 대학의 재생산구조에 대해 사회학적으로 비판적인 분석을 하면서 다른 한편에서는 교수와 학생 사이의 엄격한 위계를 준수하는 권위적인 전통적 대학교육체계를 무비판적으로 따르고 있다는 것이다. 어떻게 보면 해프닝으로 끝날 수 있었던 사건에 대해 알튀세르가 즉각적으로 반응한다. 그는 케잔에게 그의 의견을 비판하는 편지를 보낸다. 이 편지는 복사되어 많은 운동권학생들 사이에서 읽혔다. 이 편지를 기반으로 1964년 1월 알튀세르는 당시 학생운동조직의 생각을 비판하는 논문「학생문제」를 출판하게 된 것이다.

랑시에르가 보기에 알튀세르가 이례적으로 현실의 정치적 문제에 빠르고 직접적으로 개입한 것은 그가 학생운동에서 그의 적인 좌파주의gauchisme를 발견했기 때문이다. 즉, 케잔의 발언으로 대변되는 학생운동에서 과학을 정치에 종속시키고 무식한 정치활동가들이 연구자들을 공격하는 모습을 발견한 것이다. 알튀세르가 보기에 어떤 대상에 대한 과학적 지식과 그 대상을 정치적으로 변화시키는 것은 별개의 문제이다. 알튀세르는 케잔에게 보내는 편지에서 이렇게 주장한다. "대학의 구조(구조와 관련된 모든 결과들을 포함)라는 대상에 대한 과학적 실천(이론적 실천: 연구)은 어떤 경우에도 동일한 대상에 대한 어떤 다른 형태의 실천들과도, 특히 그 구체적 대상을 변화시키는 조합적, 이데올로기적 그리고 정치적 실천과는 뒤섞일 수 없다. 만약 뒤섞인다면 이론적이고 정치적으로 매우 심각한 이론적 잘못을 저지르게 된다"(Rancière, 1974, 84-85에서 재인용). 그리고 알튀세르는 대학

문제와 관련해서는 학생들이 제시한 '학생임금' 개념을 비판하고 프랑스공산당이 제시한 학업보조금제도, 대학시설의 확충방안을 지지한다.

랑시에르는 대학문제에 대한 알튀세르의 논문 내용이 상황논리에 의해 우발적으로 결정된 것이 아니라 알튀세르의 이데올로기 이론이 현실문제에 적용될 때 도출될 수밖에 없는 필연적 결과라고 본다. 학생들이 교수와 학생 사이의 문제로 본 것을 알튀세르는 과학과 이데올로기 사이의 문제로 바꿔 이해한다. 지식의 생산자와 소비자로 분할된 교수와 학생 사이에서 지식이 어떻게 전달되고 그것이 어떻게 기존 질서를 유지하는 데 기여하는가라는 문제를 지식의 내용이 어떻게 구분되고 어떤 내용이 기존 질서를 옹호하거나 혁명을 이끌어내는가라는 문제로 바꾼 것이다. 이를 위해 알튀세르는 우선 노동의 기술적 분할과 사회적 분할을 구별한다.

"대학사회에 대한 과학적 분석에 개입해야 하고 개입할 수 있는 마르크스주의의 이론적 원리들은 무엇인가? 기본적으로는 노동의 기술적 분할과 사회적 분할에 대한 마르크스주의의 개념들이다. 마르크스는 이 원리들을 자본주의 사회의 분석에 적용했다. 그것들은 모든 인간사회(결정된 생산양식에 기반한 사회구성

체란 의미에서)의 분석에 유효하다. 이 원리들은 대학과 같은 특수한 사회현실에 더욱 유효하다. 대학은 본질적인 이유들 때문에 자본주의든, 사회주의든, 공산주의든 모든 근대사회에 속한다. … 노동의 기술적 분할은 노동의 모든 '자리들'과 일치한다. 그 자리들의 존재는 주어진 사회 안에서 주어진 발달 지점의 생산양식을 규정하는 기술적 필요에 의해 정당화된다. … 사회적 분할의 기능은 그 주어진 사회의 노동 과정을 계급분할의 형태들과 다른 계급들에 대한 한 계급의 지배 형태들 안에서 확보하는 것이다"(Althusser, 1964, 83-84).

알튀세르는 생산력 발전에 따라 구성된 근대사회라면 어디에서나 발견되는 대학은 기술적 필요에 의해 정해진 자리들과 기능들을 갖고 있다고 본다. 대학에는 객관적 필요와 요구에 의해 만들어진 자리들이 있고 이 자리들에는 거기에 알맞은 능력에 따라 구분되는 위계가 있을 수밖에 없다는 것이다. 알튀세르는 계급분할을 의미하는 사회적 분할과 객관적 필요에 의한 기술적 분할을 구분하면서 대학사회의 위계질서를 객관적 필요에 의한 것으로 옹호한 것이다. 랑시에르가 보기에 알튀세르의 이런 주장은 계급분할에 대한 마르크스의 생각을 왜곡하는 것이다. 마르크스에게 있어서 노동의 기술적 분할과 사회적 분할은 실제적으로 존재하는 다른 분할이 아니라 동일한 분할의 두 측면일 뿐이기 때문이다. 알튀세르는 마치 계급을 초월하는 객관적 필요와 계급적 이해에 의해 만들어진 사회적 필요가 따로 구별되어 존재하는 것처럼 말하고 있지만 마르크스에게 있어서 사회의 모든 '실제적' 필요라고 하는 것은 사실 계급적 이해를 감추고 있는 것이다. 랑시에르는 알튀세르가 마르크스의 생각을 이처럼 왜곡하고 있는 것은 노동귀족과 지식인들의 이해를 대변하는 당시 프랑스공산당의 노선과 일치한다고 본다. 노동귀족과 지식인이란 특정 계급의 이해를 반영하는 분할을 마치 객관적 필요에 의해 주어진 것처럼 은폐하고 있다는 것이다 (Rancière, 1974, 244-246).

노동의 기술적 분할과 사회적 분할 사이의 구분을 통해 알튀세르는 대학에서의 과학과 이데올로기 사이의 구분으로 나아간다. 지식은 과학과 이데올로기로 분할된다. 과학은 현실의 객관적 모습을 밝힘으로써 부르주아지의 지배를 전복시키는 힘을 가진 지식인 반면 이데올로기는 현실에 대한 환영을 제공함으로써 현재 질서를 유지시키는 기능을 하는 지식이다. 따라서 과학적 지식을 소유하는 것은 매우 중요한 일이다. 그런데 대학에서 지식을 소유한 사람들은 바로 교수들이다. 알튀세르는 노동의 기술적 분할을 이야기하면서 대학 안에서 교수와 학생 사이의 위계를 정당화한다. 교수와 학생의 위계질서가 이론적으로 합당한 것으로 인정받기 위해서는 교수가 가진 지식은 이데올로기가 아니라 과학이어야만 한다. 그렇기 때문에 알튀세르는 교수와 학생의 관계를 과학적 지식을 소유한 자와 소유하지 않은 자의 관계로 이해한다. "교육적 기능은 결정된 지식을 소유하지 못한 주체들에게 그 지식을 전달하는 것을 목적으로 한다. 교육적 상황은 따라서 지식과 비지식 사이의 **불평등**이라는 절대적 조건을 기반으로 한다"(Althusser, 1964, 90). 이처럼 교육의 관계라는 것이 이데올로기에서 벗어나 사회를 객관적으로 볼 수 있는 과학적 지식을 가진 자와 그렇지 못한 자 사이의 관계이기 때문에 교육의 위계질서는 당연히 지켜져야 하는 것이 된다. 여기에서 지식과 비지식의 관계는 과학과 이데올로기의 관계이다. 이렇게 해서 알튀세르에게 있어서 대학에서의 지식은 과학의 문제가 된다.

랑시에르는 알튀세르가 과학적 지식이 지배질서를 전복시키는 혁명의 힘을 갖고 있다는 것을 보편적인 사실로 간주하고 있다고 비판한다. 노동계급이 기존질서를 전복시키고 해방되기 위해서는 사회의 조건들에 대한 이론을 가져야 하는 것은 부정할 수 없지만 그렇다고 해서 모든 대학에서 교육하는 모든 과학적 지식이 본질적으로 혁명적 힘을 내포하고 있다고 주장할 수는 없는 것이다. 예를 들어 대학의 의학과나 물리학과에서 교육하는 지식들은 전적으로 과학적 가치를 가진 것이지만 그것은 반동적인 기능을 할 수 있다. 왜냐하면 학생선발방식, 특정한 사회적 지위를 갖고 특정한 지식을 가진 교수와 학생 사이의 관계 등 교육 환경이 어떻게 구성됐느냐에 따라 대학교육이 부르주아지의 지배에 유리한 방식으로 작동하기 때문이다. 따라서 지식의 과학적 속성과 교육의 계급적 내용은 전혀 관계가 없다고 볼 수 있다. 중요한 것은 지식의 내용이 과학적인가 이데올로기적인가 하는 것이 아니라 지식이 어떤 이데올로기를 전달하느냐 하는 것이다. 다시 말해 과학이냐 이데올로기냐가 중요한 것이 아니라 부르주아 이데올로기냐 프롤레타리아 이데올로기냐가 중요한 것이다(Rancière, 1974, 250-251). 랑시에르가 보기에 부르주아 이데올로기는 "전공학문의 분할, 시험체계, 학교의 조직, 지식의 부르주아적 위계를 실현시키는 모든 것" 안에 존재한다(Rancière, 1974, 252). 이런 점을 알튀세르가 보지 못하는 것은 그가 문제를 과학과 이데올로기의 대립이라는 형이상학적 관점에서 접근하기 때문이다. 대학은 과학이란 추상적이고 신화적

144

인 본질을 가르치지 않는다. 대학에서 가르치는 것은 전공영역별로 분할된 과학적 지식들이다. 그 과학적 지식들은 계급적으로 분할된 지식전달체계 속에서 기존 질서를 재생산해내는 방식으로 전달된다. 알튀세르는 이 문제를 언제나 진리인 추상적인 과학과 언제나 오류인 이데올로기 사이의 문제로 환원시켜 접근하기 때문에 그의 주장은 결국 대학 안에서 유통되는 부르주아 이데올로기를 강화시키는 기능을 할 뿐이다.

랑시에르가 보기에 "지식은 사실 한 계급의 지배수단으로서만 제도적으로 존재할 수 있다"(Rancière, 1974, 255). 그렇기 때문에 "부르주아적이거나 프롤레타리아적일 수 있는 것은 진술된 형식으로서의 그런 과학이 아니다." 부르주아적이거나 프롤레타리아적일 수 있는 것은 "과학적 지식들이 지식의 대상으로서 구성된 것, 즉 지식들의 사회적 전유양식이다. 부르주아 과학과 프롤레타리아 과학이 있는 것이 아니다. 부르주아 지식과 프롤레타리아 지식이 있는 것이다"(Rancière, 1974, 256). 진정한 지식과 가짜 지식이 있는 것이 아니다. 어떻게 가짜 지식을 버리고 진정한 지식을 획득할까 하는 것이 중요한 것이 아니다. 중요한 것은 지식이 어떻게 한 계급의 이데올로기적 지배체계로 기능하는가를 파악하고 계급투쟁의 관점에서 지식을 이해하는 것이다.

만약 진정한 지식과 가짜 지식을 구분한다면 자연스럽게 진정한 지식을 가진 자와 가짜 지식을 가진 자를 구분하게 된다. 알튀세르는 과학과 이데올로기를 구분하고 과학을 실천하는 지식인과 이데올로기에 사로잡힌 대중을 구분한다. 이데올로기에 사로잡힌 대중은 현실을 객관적으로 볼 수 없기 때문에 지식인의 도움 없이는 결코 자신의 현재 상황에서 벗어날 수 없다. 대중을 착각 속에서 살게 만드는 이데올로기에 맞서 현실의 물적 조건을 과학적으로 파악함으로써 대중을 혁명으로 이끄는 과학을 제공하는 것이 지식인들의 이론적 실천이다. 이런 알튀세르의 생각에 따르다보면 결국 "노동자들은 반자본주의적 이데올로기를 생산할 능력이 없으며 따라서 자율적인 반자본주의 활동을 할 수 없다"는 결론에 도달하게 되고 따라서 "스스로의 힘으로 말하고 행동한다고 주장하는 노동자는 단번에 가짜 노동자라고, 즉 진짜 경찰관이라고 정체가 밝혀진다"고 주장하는 지경에 이르게 된다(Rancière, 1974, 249). 이 이론에 따르면 노동자는 스스로 말하거나 행동할 수 없다. 오직 노동자를 이끄는 당과 권력기관만이 말하고 행동할 수 있다. 따라서 누군가 스스로 말하고 행동한다면 그는 노동자가 아니라 권력을 가진 자라는 것이다.

과학과 이데올로기의 분할을 통해 과학적 지식을 소유한 지식인계급과 소유하지 못한 노동자계급 사이의 분할을 이끌어내고 노동자계급을 자신의 존재조건을 알 수 없는 지적으로 무능력한 계급으로 보는 시각에 대한 랑시에르의 비판에서 우리는 『무지한 스승』에서 나타나는 지적 평등과 해방의 논리가 가진 원초적 모습을 발견할 수 있다. 그뿐만 아니라 알튀세르 이론에 대한 랑시에르의 비판은 랑시에르가 후기 저작들에서 보여준 감성의 분할과 합의의 시대에 대한 비판, 지적 평등과 해방의 주장, 치안police과 정치politique의 문제에 대한 성찰의 출발점이라고 볼 수 있다.

제3장
노동자의 밤

1. 노동자의 꿈

68운동이 일으킨 충격파 속에서 랑시에르는 대중의 자발적 힘을 가능하게 만드는 감성과 욕망에 대해 관심을 갖는다. 포이어바흐Feuerbach의 '인간' 개념에 대해 준비하던 박사논문을 중단한 그는 대중의 혁명적 힘이 어디에서 오는지를 알기 위해 대중의 삶을 직접 들여다보기로 한다. 그가 주목한 것은 노동해방운동의 열정이 뜨거웠던 19세기의 노동자들이다. 그들은 마르크스와 동시대를 살아가던 사람들이다. 과연 그들은 마르크스주의가 그려낸 모습으로 살아갔는가? 랑시에르는 푸코가 정신의학과 인간과학, 감옥체계를 가능하게 만드는 담론이 어떻게 구성되는지를 발견하기 위해 고문서들을 뒤졌던 것처럼 19세기의 고문서들을 뒤지기 시작한다.

처음 랑시에르는 푸코의 고고학과 계보학 방법에 영향을 받은 것처럼 보인다. 푸코는 과거의 고문서들을 뒤지면서 당시에 만들어진 다양한 담론들을 찾아 그것들이 어떻게 나타났으며 어떻게 축적되고 변해 가는지를 밝히고 담론들 사이의 관계를 재구성함으로써 주어진 시대의 담론들을 가능하게 만든 것을 분석한다. 푸코는 이런 분석 방법을 고고학이라 불렀다. 고고학이 각각의 시대마다 생각할 수 있는 것과 생각할 수 없는 것 사이의 경계를 드러나게 하는 일종의 담론 지도를 그리는 것이라면 계보학의 방법은 담론이 움직이는 동선을 분석하고자 하는 것이다. 푸코는 계보학 방법을 통해 담론의 형성과 실천 과정에서 권력이 어떻게 개입하고 행사되는지를 분석한다. 랑시에르는 19세기 노동자들의 글 속에서 노동계급이 가진 고유한 생각을 발견하고 그것이 부르주아 이데올로기를 생산하는 지배적인 담론과의 관계 속에서 어떻게 노동자의 정체성을 만들어가고 대립하는지를 보고자 했다. 푸코처럼 담론의 관계를 밝히고 담론적 실천의 권력 효과를 발견하고자 한 것이다. "『자본론』에는 하나의 논리가 있는 것이 아니라 여러 개의 논리, 여러 개의 담론적 전략들이 있다. 담론들 속에서 계급들은 스스로에 대해 생각하거나 반대 담론과 싸운다. 그 담론들에 다양한 방식으로 반응하고 서로 다른 문제들에 응답하는 서로 다른 담론적 전략들이 있다. 고전경제학자들의 과학 혹은 노동자들의 항의, 철학자들의 담론 혹은 공장 감독관의 보고서 등이 그것이다. 개념적 속성들의 다양성은 또한 '이론 안에서의 계급투쟁'의 한 측면이 아니라 이론가들의 담론에 대한 계급투쟁과 계급투쟁의 담론적 형태들의 효과이다"(Rancière, 1974, 154).

『알튀세르의 교훈』에서 랑시에르는 '인간' 개념이 1830년대의 부르주아지와 프롤레타리아에 의해 어떤 방식으로 담론으로 구성되며 계급투쟁의 장 속에서 권력적 효과를 발휘하는지를 살펴본다. 알튀세르는 '인간' 개념을 프롤레타리아가 현실을 보지 못하도록 막는 부르주아 이데올로기라고 비판하면서 프롤레타리아는 부르주아가 만들어낸 인간 개념에서 벗어날 때 비로소 해방이 될 수 있다고 주장한다. 그에 따르면 부르주아지는 프롤레타리아에게 모든 인간은 자유롭고 평등하다고 말하면서 프롤레타리아가 전지전능한 자유로운 주체라는 환상을 심어주면서 계급투쟁의 현실을 은폐한다. 따라서 프롤레타리아에게 계급투쟁을 직시할 수 있는 과학을 교육함으로써 자유로운 인간 개념을 버리게 하는 것이 중요하다. 하지만 랑시에르가 보기에 현실에서 프롤레타리아는 자유로운 인간이 되기 위해 투쟁했다. 그것은 프롤레타리아가 주장한 자유와 인간의 개념들이 부르주아지가 주장한 것들과는 달랐기 때문이다. "부르주아지에게 있어서 자유는 두 개인들 사이의 자유로운 협정에 따라 노동자들을 고용하고 해고하는 것이다. 노동자들에게 있어서 자유는 그들이 원하는 곳에 일하러 가고 '정당한 가격'에만 노동을 팔며 정당한 가격이 거부된다면 모두 함께 작업장을 떠나는 것이다"(Rancière, 1974, 162). 부르주아지에게 있어서 노동자들의 이런 자유는 '전횡despotisme'이었다. 부르주아지는 자신들의 자유를 실천하기 위해 경찰, 사법부, 감옥과 같은 국가기구들을 동원해야 했다. 노동자들은 부르주아지가 주장하는 개인의 자유 개념 안에서 주인의 권리와 노동자의 권리가 다르다는 것을 발견한다. 실제로 부르주아지는 프롤레타리아를 평등한 인간으로 간주하지 않았다. 1831년 리옹에서 견직물 노동자들의 봉기가 발생했을 때 부르주아지는 이것을 문명인과 야만인의 대립으로 이해했다. "우리 상업 사회는 다른 모든 사회들처럼 화근을 갖고 있다. 그 화근은 노동자들이다. … 각각의 제조자들은 자신의 공장에서 1대 100으로 노예들에 둘러싸인 식민지의 대농장주들처럼 산다. 사회를 위협하는 야만인들은 캅카스나 몽골 초원에 있는 것이 아니다. 그들은 우리의 공업화된 도시의 변두리에 있다"(Rancière, 1974, 165에서 재인용). 또한 후에 사법부 장관이 된 페르실Persil검사는 1833년 한 재판에서 다음과 같이 밝힌다. "사람들이 매일 '노동자들'에게 그들이 더 높은 사람들과 같은 인간이며 그들과 동일한 즐거움을 누릴 권리가 있다고 반복해 말하면서 더 높은 사람들의 계급 지위와 노동자들의 지위가 비견되는 것처럼 묘사할 수 있게 된다면 사법부가 언론의 방종과 정치 단체들에 맞서 해온 모든 것을 잃게 될 것이다"(Rancière, 1974, 165-166에서 재인용).

결국 부르주아지는 계급투쟁이 있음을 직시하고 있으며 그렇기 때문에 그들은 프롤레타리아를 자신들과 같은 인간이라고 결코 말할 수 없다. 반대로 노동자들은 문명인과 야만인 사이의 차이는 존재하지 않으며 계급들 사이의 차이도 존재하지 않는다고 주장한다. 그들에게 있어서 모든 인간은 동등한 존재이다. 모든 인간을 동등하고 자유로운 존재로 규정함으로써 노동자들은 부르주아지가 강제하는 지배의 질서를 전복시킬 수 있는 것이다. 왜냐하면 "담론들 속에서 계급들은 스스로에 대해 생각하거나 반대 담론과 싸우기" 때문이다. 마침내 부르주아지가 프롤레타리아를 동등한 인간으로 간주하게 됐다면 그것은 부르주아지의 담론적 전략에서 비롯된 것이 아니라 인간으로서의 동등한 권리를 치열하게 요구한 노동자들의 투쟁의 결과로 획득된 것이라는 것이 랑시에르의 주장이다. 알튀세르가 '인간' 개념을 부르주아 이데올로기라고 비판한 것은 단어를 단순한 재현물로만 봤기 때문이다. "계급투쟁의 현실들은 '사상들'에 의해 '재현된다.' 그 '사상들'은 단어들에 의해 '재현된다.' 과학적이고 철학적인 추론에 있어서 단어들(개념, 카테고리)은 지식의 '도구'이다. 하지만 정치적, 이데올로기적 그리고 철학적 투쟁에서 단어들은 무기, 폭발물, 진정제 또는 독극물이다. 모든 계급투쟁은 때때로 한 단어에 대한 다른 단어의 투쟁으로 요약될 수 있다"(Althusser, 1968/1976, 46). 알튀세르는 '인간'이란 단어가 부르주아에 의해 이데올로기적으로 이용되고 있기 때문에 '인간'이란 단어 대신 '계급투쟁'이란 단어를 사용하는 것이 철학적 투쟁이라고 주장한다. 하지만 랑시에르가 보기에 알튀세르는 단어가 다른 사회적 실천들과 맞물려 작동하는 담론적 실천의 요소라는 것을 보지 못한다. 그렇기 때문에 그는 '인간' 개념이 노동해방운동에 있어서 어떤 역할을 하는지를 알지 못한 채 오히려 단어의 사용을 억압하는 검열자가 되고 만 것이다(Rancière, 1974, 178).

154

그런데 19세기 노동자들의 신문, 보고서, 편지, 회고록, 시 등을 오랜 시간 읽어가면서 랑시에르는 과학과 이데올로기 사이의 구분에 대한 비판을 통해 부르주아의 이데올로기적 지배에 저항하는 노동자의 담론적 실천을 분석하는 계보학적 관점에서 벗어나서 새로운 관점에서 노동자의 문제를 바라보기 시작한다. 노동자들의 글을 분석함으로써 노동자들의 고통스러운 현실의 삶으로부터 노동계급의 고유한 생각, 계급투쟁과 혁명의 의지가 어떻게 형성되는지를 보고자 했던 랑시에르는 예상하지 못했던 노동자들의 글을 만나게 된다. 노동자들이 정해진 시대와 사회의 물질적 환경과 담론 체계가 허락하는 한계 내에서 노동계급의 정체성을 만들어갈 것이라는 랑시에르의 예상과는 달리 시대적 환경이 허락하지 않는 것을 생각하고 말하는 노동자들을 발견한 것이다. 랑시에르는 특정한 시대에 특정한 위치에 있는 주체가 '생각할 수 없는 것l'impensable'을 생각한다는 것의 의미를 찾기 시작한다. 이 작업의 결실이 바로 랑시에르의 박사학위논문으로 1981년 출판된 『프롤레타리아의 밤La Nuit des prolétaires』이다.

노동자들의 글에서 우선 랑시에르는 자신이 처한 고통스러운 상황에서 벗어나고자 하는 다양한 노동자들의 꿈을 발견한다.

현실과 허구 사이에서 자신이 아닌 다른 사람의 삶을 꿈꾸는 노동자들을 발견한 것이다. 그리고 노동자들을 예속시키는 세계의 질서와 노동자들의 꿈 사이의 관계를 노동자들의 생각과 글을 통해 드러내 보이고자 한다. 하지만 이 작업은 "보기 좋은 겉모습 아래 있는 고통스러운 현실을 폭로하는 낡은 정치적 허풍"이나 숨겨진 진실이 드러나도록 표면의 그림을 긁어내는 것이 아니라 "다른 형상들이 조합되고 해체되도록 그림들을 흔들어 놓는 것이다"(Rancière, 1981, 22). 일반적으로 철학자, 역사학자, 사회과학자들은 텍스트를 분석이라는 이름으로 해체하고 재구성해서 겉으로는 드러나지 않는 실체, 원리, 진실, 규칙 등을 발견해 무지한 대중들에게 알려주는 작업을 한다. 하지만 랑시에르는 노동자의 글들이 노동자는 알 수 없지만 지식인은 분석을 통해 파악할 수 있는 사회적 실체나 진실을 표현하는 텍스트라는 관점에서 그것들에 접근하지 않는다. 그는 노동자의 글을 분석함으로써 텍스트 밑에 숨겨진 사회적 진실이나 이데올로기를 밝히고자 하지 않는다. 그는 사실과 허구들이 뒤섞여 있는 다양한 노동자들의 글 속에서 어떤 다른 세상이 구성되고 있는지를 드러나도록 하려 한다. 이를 위해 랑시에르는 노동자들의 글을 찬찬히 따라가면서 글을 바꿔 쓰는 작업을 한다. 노동자들의 글을 분석하고 설명하면서 개념으로 추상화하기보다는 글을 따라 읽으면서 문장과 문장 사이, 단락과 단락 사이, 글과 글 사이를 이어가며 관계를 만들어내면서 기존의 개념적 틀로 걸러지지 않는 노동자들의 생각이 드러나도록 하는 것이다. 이 때문에 『프롤레타리아의 밤』은 문학작품과 같은 내용과 형태를 갖고 있다.

랑시에르는 1841년 9월에 노동자 신문인 『라 뤼시 포퓰레르La Ruche populaire』에 실린 글에 주목한다. 그것은 철물 노동자이자 작가이며 시인인 질랑Jérôme-Pierre Gilland의 글이었다. "나는 철을 두들기는 것이 내 천직이 아닌 것처럼 보인다. 그렇다고 이런 상태가 비천하다는 것은 아니다. 그 반대이다. 바로 철공 작업대로부터 인민의 자유를 보호하는 전사의 검과 인민들을 먹여 살리는 쟁기의 날이 나온다. 위대한 예술가들은 우리의 구릿빛 이마와 견고한 팔다리에 대해 널리 알려진 남성적이고 폭넓은 시적 정취를 이해했고 때때로 큰 행복과 에너지를 갖고 그것을 표현했다. 특히 우리의 저명한 샤를레Charlet는 척탄병의 제복 옆에 가죽 작업복을 놓으면서 이렇게 말했다. '군대, 그것은 인민이다.' 네가 보듯이 나는 내 직업을 존중할 줄 안다. 그렇지만 나는 화가가 되고 싶었다…"(Rancière, 1981, 16-17에서 재인용).

질랑은 후에 조르주 상드George Sand가 책에 서문을 써 줄 정도로 유명한 작가가 되고 1849년에는 국회의원이 되기도 하지만 끝까지 철물 노동자로 일했다. 그는 다른 노동자들의 모범이 될 만한 노동자였고 노동자들 중에서는 특권적 지위를 누렸다고 할 수 있다. 랑시에르는 그런 그가 자신의 직업에 대해 불평하는 글을 남긴 것에 주목한다. 질랑 정도의 노동자라면 노동의 덕목을 찬양하고 자신의 노동자로서의 존엄을 확신시켜줘야 하는 것이 아닌가? 그런데 질랑은 철을 만지는 것이 자신의 사명이 아니라고 느끼며 화가가 되고 싶었다고 고백한다. 물론 질랑은 즉시 철물 노동에 대한 자신의 불평이 그 직업을 비천하게 생각해서가 아니라고 덧붙인다. 그리고 인민을 보호하고 먹이는 일에 봉사하는 철물 노동의 덕목을 찬양한다. 하지만 랑시에르가 보기에 이 노동에 대한 모범적인 찬양은 노동이 갖는 비참한 현실을 가리지는 못한다. 질랑이 언급한 노동자의 구릿빛 이마와 견고한 팔다리는 사실은 노동자의 비참한 상태를 드러내 보여준다. 질랑은 조금 더 뒤에서 아이를 작업장에 집어넣는 아버지를 묘사하며 이렇게 말한다. "일이 거칠다면 아이가 매우 강하다고 말하고 반대로 일이 섬세하다면 아이가 손재주가 있다고 말한다. 상황에 따라 아이를 헤라클레스나 예술가로 만드는 것이다"(Rancière, 1981, 17에서 재인용). 노동자의 그을린 얼굴과 강인한 팔다리는 그의 노동의 강도를 보여주는 것이다. 샤를레와 같은 화가들은 군인의 제복과 대장장이의 가죽 앞치마를 같이 그리며 노동을 미화하지만 실제로 그림들의 모델이 된 철물 노동자들은 일찍 시력을 잃어 그림을 감상하는 즐거움을 누리지 못한다. 노동자의 단련된 육체 위에 드러나는 시적 정취와 그것을 표현한 그림들은 노동자가 자신의 꿈을 포기한 결과물이다. 질랑은 인민의 군대인 철의 노동자가 되기보다는 화가를 되기를 꿈꿨다.

그런데 흥미롭게도 당시 노동자 신문은 화가를 청소년에게 제공되는 직업의 위계에서 아주 낮게 평가하고 있었다. 화가는 오물수거인보다 조금 위에 위치하는 최하위 직업으로 분류됐다. 화가가 이렇게 나쁜 평가를 받은 것은 도덕적인 이유에서이다. 화가는 노동자가 자신의 상황에서 도망치는 수단이 되기 때문이다. 존재하지 않은 나무와 새, 모델이 없는 사물과 인물들을 그리면서 내일 어디에서 일하게 될지도 모르고 도시와 시골을 떠돌다가 결국 폐병으로 죽음을 맞이하는 화가는 허황된 직업이지만 많은 노동자들이 화가라는 직업의 매력에 빠진다는 것이다. 직업의 위계를 정한 것은 좋은 직업과 나쁜 직업을 구분하기 때문이다. 하지만 문제는 좋은 직업이란 것이 무엇인지 알 수 있느냐는 것이다. 사고, 질병, 해고, 임금삭감, 지겨움 등의 문제를 갖고 있지 않는 직업이 있는가? 질랑은 좋은 직업이란 없다는 것을 안다. 그는 철물공의 힘든 상황을 화가의 낭만적인 자유로움으로 대체하려고 하지는 않는다. 왜냐하면 가난한 노동자에게 있어서 빈둥거림과 노동 중 하나를 선택하는 것은 불가능하기 때문이다. "… 나는 화가가 되고 싶었다. 하지만 가난에는 특권이 없다. 살기 위해 이러저러한 고역을 채택하는 특권조차도 없다"(Rancière, 1981, 20에서 재인용). 질랑은 빈둥거릴 권리를 요구하는 것이 아니다. 그는 다른 일을 꿈꾼다. 그 일은 존재하지 않는 나무와 모델이 없는 대상을 그리는 일이다. 바로 이 쓸모없는 일에 노동자들이 매료되어 있다. 철학자들은 생산자로서의 인간의 본질이 노동의 생산물 안에서 실현된다고 말한다. 하지만 현실의 노동자들은 그런 생산물과는 다른 것을 생산하고 싶어 하는 것이다.

질랑은 짧은 글 속에서 철물공도 될 수 없고 화가도 될 수 없는 모순을 드러낸다. 랑시에르는 이 모순에 의해 열려진 작은 틈 사이로 '다른 곳의 생각la pensée d'ailleurs'이 나타나는 것을 발견한다. "정체성의 문제, 이미지의 문제, 동일자와 타자의 관계 안에는 생각하는 사람들과 손으로 일하는 사람들을 나누는 장벽을 유지하거나 위반하는 문제가 작동하거나 숨겨져 있다"(Rancière, 1981, 21-22). 생각하고 말할 수 있는 권리와 기회를 갖고 있다고 인정되는 사람들과 단지 육체적인 노동을 할 권리와 기회만을 인정받는 사람들 사이를 나누고 전자에게는 창작하고 설명할 수 있는 특혜를 주고 후자에게는 세상을 몸으로 체험할 수 있는 기회만을 주는 사회에서 현실과 관계없는 것을 꿈꾸고 존재하지 않는 것을 그리려는 욕망을 표출하는 것은 자신이 사는 세상을 다른 방식으로 만들려는 움직임이다. 그것은 이미 구획되고 분할된 틀에 따라 정해진 자리를 재현하는 생각이 아니라 자리를 정하는 틀을 뒤집고 정해진 자리를 해체하는 해방의 생각이다. 그것은 지배의 생각도 아니고 저항의 생각도 아니다. 지배와 저항으로 분할되는 틀조차도 벗어나는 사보타주로서의 생각이다(Rancière, 1978). 이 노동자들은 노동자가 꿔야 하는 꿈을 꾸는 것이 아니라 부르주아지에게 허용된 꿈을 꾼다. 혁명의 이론가들은 19세기의 잔인한 착취 속에서 노동자들이 노동자들만의 문화, 노동계급만의 의식을 만들어 간다고 생각하고 이론화했다. 노동자에게 있어서 중요한 것은 노동자로서의 정체성을 갖는 것이라고 본 것이다. 하지만 그 정체성이란 것이 결국 노동자를 노동자의 자리에만 있도록 만드는 것이라면? 노동자는 일하는 존재, 노동환경이나 임금에 불만을 갖고 투쟁하는 존재, 원하는 것을 쟁취하면 더 나은 환경에서 다시 일하는 존재일 뿐인가? 다시 말해 노동자는 언제나 노동자일 뿐인가? 그런데 결코 부르주아지가 될 수 없으면서도 부르주아지의 언어로 말하고자 하고 부르주아지의 꿈을 꾸고자 하는 노동자들이 있다. 이 모순 속에서 랑시에르는 해방의 가능성을 발견한다.

2. 노동자의 일상

유럽에서 18세기 중반 증기기관의 발명으로부터 발달하기 시작한 대량생산을 기반으로 한 산업은 19세기에 접어들면서 급성장하기 시작했다. 기술의 발달을 바탕으로 발명되고 개선되는 기계들을 이용한 대규모 생산 시설들이 도시에 들어서기 시작했고 일자리를 찾아 농촌을 떠난 사람들에 의해 도시는 점점 비대해지면서 노동자들로 북적이기 시작했다. 기계와 값싼 노동력을 바탕으로 급속히 성장한 자본은 자유주의 경제정책에 힘입어 모든 것을 집어삼키면서 세계를 지배해 가고 있었다. 기계를 이용한 공업 생산은 과거 오랜 시간 동안 지속되어 온 수공업의 생산기반을 파괴했을 뿐만 아니라 노동자들의 생존 기반을 위협했다. 기업 간의 경쟁은 극심해졌고 경쟁에서 살아남기 위해 기업은 새로운 기술을 개발하기 위한 투자를 계속하면서도 최소의 비용으로 생산을 해야 했다. 생산성이 급속히 증가하는 동안 노동자들의 노동 가치는 점점 떨어졌다. 노동자들의 착취를 기반으로 상품의 가격은 떨어졌지만 자본가의 잉여가치는 증가했다. 노동자들은 넘쳐났고 노동자들은 적은 임금이라도 얻기 위해 서로 경쟁하면서 노동시장에 자신의 노동력을 헐값에 팔아야 했다. 기계의 증가로 노동자들의 일자리가 줄어든반면 기존의 작업도 하루 종일 동일한 움직임을 반복하는 지루하고 단순한 것으로 바뀌었다. 노동자들은 비위생적인 주거환경 속에서 살면서 하루 최대 18시간을 일을 하고도 겨우 목숨을연명할 수 있을 정도의 임금을 받았다. 게다가 주기적으로 발생하는 경제공황 때문에 언제든지 실업자가 될 운명에 처해 있었다. 가사 노동뿐만 아니라 공장 노동에도 시달려야 하는 여성노동자들은 사장이나 사무원들의 끊임없는 성희롱의 대상이 됐다. 어떤 교육도 받지 못한 채 영양실조에 시달리는 아이들은저임금으로 부려먹을 수 있는 단순노동자의 위치로 전락했다. 수많은 고아들이 공장에서 착취당했으며 부모들은 연명하기 위해 자식들을 공장에 보내야 했다. 노동자들의 참혹한 상태는 사회적 문제가 됐고 문제를 해결하기 위한 다양한 방법들이 고안되기 시작했다. 프랑스의 경우, 생시몽Saint-Simon, 푸리에Charles Fourier, 카베Étienne Cabet, 뷔세Philippe Buchez와 같은 초기 사회주의 사상가들이 등장했고 1830년대부터는 그들의 이론에 따라 공동체적 삶을 지향하는 노동자 운동이 조직되기 시작했다. 랑시에르가 주목한 1830년대에서 1850년대까지 활동한 노동자들은 바로 이 초기 노동자 운동에 적극적으로 가담했던 사람들이다. 그들이 발행한 다양한 신문들, 회합의 보고서들, 주고받은 편지들, 발행한 책들이 랑시에르의 연구 자료였다.

루이 가브리엘 고니Louis Gabriel Gauny(1806~1889)는 랑시에르가 발견한 19세기 노동자 시인이자 노동자 철학자이다. 랑시에르는 1983년 고니의 글들을 모아 『평민 철학자Louis-Gabriel Gauny: le philosophe plébéien』라는 책을 출판할 정도로 큰 관심을 갖고 노동자가 아닌 다른 것이 되고자 꿈꿨던 19세기 노동자들을 지켜본다. 고니는 1840년대 프랑스 노동자의 일상을 이렇게 묘사한다. 그것은 목공으로 일하는 자신의 일상이기도 하다. "우리 사회에서 자연의 순리에 어긋나는 일들을 떠맡은 이 노동자는 아침 다섯 시에 일어나 여섯 시 정각에 작업장에 도착한다. 출근하면서 그의 장인으로서의 능력은 이미 작동한다. 왜냐하면 피곤하고 복잡한 직업인 목공일은 몸을 괴롭히고 쉼 없는 걱정으로 머리를 불안하게 만들기 때문이다. 그래서 이 노동자는 몇 푼 안 되는 벌이를 그의 입에 던져 주면서 그의 영혼을 삼켜버리는 열 시간의 노동을 앞두고 짜증과 신경질을 낸다"(Rancière, 1981, 69에서 재인용). 사람들은 노동을 인간의 육체와 정신을 활용해 삶에 유용한 결과물을 만들어내면서 자아를 실현하는 신성한 활동이라고 말한다. 노동자는 자신의 능력을 발휘해 완성한 결과물을 보면서 기쁨을 느낀다. 자본주의 사회에서 그 결과물은 노동자의 것이 되지 못하고 자본가의 소유가 되어 상품으로 판매된다는 사실이 노동자의 기쁨을 앗아가기는 하지만 그것이 노동 자체의 신성함을 제거하지는 않는다고 사람들은 주장한다. 하지만 현실의 노동자에게 있어서 노동이란 기쁨을 주는 신성한 것이 아니다. 그것은 노동자가 누려야 할 자유로운 시간을 분 단위로 계산되는 강제 노동의 시간으로 만들며 그의 영혼을 죽이는 고통의 활동이다. 노동을 하지 않으면 생존할 수 없기 때문에 매일 정해진 시간에 출근하고 퇴근하면서 하루의 대부분을 노동에 바치지 않으면 안 된다. 노동의 기쁨에 매료되어 즐겁게 작업장으로 출근하는 노동자는 없다. 자신의 자유 시간을 뺏긴 분노만이 노동자의 마음을 지배한다.

　자신이 시간을 자유롭게 사용할 수 없는 노예와 같은 존재라는 것을 직관적으로 아는 노동자는 분노에 사로잡혀 작업장으로 향한다. 노동자는 그를 노예 상태로 전락시키고 자유를 박탈하는 노동시간에 늦지 않기 위해 서두른다. 자신에게 고통을 주는 노동시간에 늦지 않으려 애쓰는 노동자의 모습은 부조리하다. 노동의 시간은 노동자가 자유롭게 선택한 시간이 아니다. 자신의 시간이 아닌 타인이 강제한 시간에 늦지 않으려 자발적으로 노력하는 노동자의 부조리함이 그의 정신과 몸의 불일치를 통해 드러난다. "일터로 달려가면서 이 남자의 거동은 독특하다. 분노가 그의 시선에 담겨 있다. 그가 봉기한 노예처럼 달리는 모습을 본 사람은 그가 자신을 억압하는 것을 박살내기 위한 불법협약에 서명을 하러 뛰어가는 것이라고 믿을 것이다"(Rancière, 1981, 70에서 재인용).

　노동시간만이 노동자가 빼앗긴 시간은 아니다. 노동자가 퇴근 후 집에서 보낸 시간도 사실은 노동자의 자유로운 시간이 아니다. 다음 날 있을 열 시간의 노동을 위해 아침 다섯 시에 다시 일어나려면 노동자는 잠을 자야 한다. 노동자가 집에서 보내는 시간은 다음 날의 노동을 제대로 하기 위해 필요한 휴식시간이다. 낮의 노동으로 피로해진 근육이 쉴 수 있도록 밤에는 충분히 잠을 자야만 한다. 그렇게 쉰 노동자의 몸은 비로소 낮의 노동에서 유용하게 움직일 수 있다. 자유로운 시간을 빼앗긴 노동자의 분노는 작업장에서 일에 대한 몰두로 변한다. "작업장에 도착하면 투쟁이 시작된다. 우선 밤잠을 자면서 약간 쉰 그의 불쌍한 근육조직이 힘든 일에 열중한다. 연대감이 강하고 습관에 의존하는 이 노동자는 좋은 물건을 만들기 위해 자신의 기술을 잘 이용한다. 일순간 유용한 노동에 대한 내면의 만족을 느낀 그는 자신을 둘러싸고 있는 것을 잊어버린다. 그의 팔이 움직이고 일의 세세한 부분들이 순조롭게 완성된다. 일을 하다 보니 한 시간이 흘렀다"(Rancière, 1981, 70에서 재인용). 빼앗긴 시간에 대한 분노를 잊기 위해 노동자는 오직 노동에만 매달린다.

일에 몰두한 노동자는 어린 시절의 추억에 빠져 흥거운 콧노래를 부르지만 강제된 노동의 고통은 서서히 마음속 분노의 감정을 되살린다. 어린 시절의 기억은 점차 1830년 7월 혁명의 뜨거웠던 감정으로 뒤바뀐다. "때때로 시의적절하지 않은 즐거움에 사로잡혀 그는 자신의 아버지가 부르던 좋아하는 옛 노래를 콧노래로 부른다. 처음의 기억을 변질시키는 변덕스러운 소리들 속에서 차츰 길을 잃게 되면서 즐거운 노래 박자는 이상하게 바뀐다. 왜냐하면 그는 이제 총격전을 흉내 내는 반란의 노래를

홍얼거리기 때문이다"(Rancière, 1981, 72에서 재인용).

"그렇지만 휴식 시간이 되려면 아직 한 시간을 더 보내야 한다. 노동자는 화가 난다. 왜냐하면 좋은 조직의 경이로운 것들이 약속한 부귀영화에 대한 몽상이 그를 엄습하기 때문이다. 사장과 작업반장이 돌아다니는 통에 정신이 없는데다 그들 중 한 명과 전혀 흥미가 없는 계획들에 대해 의견을 맞춰야 한다. 메마른 관찰은 인색한 응답을 불러오고 불만을 교환하는 시선들은 두 사람 사이의 골을 더욱더 깊게 만든다"(Rancière, 1981, 72에서 재인용). 7월 혁명의 기억은 노동자에게 그가 자유롭게 살 수 있는 더 나은 세상에 대한 꿈을 꾸게 만든다. 하지만 그의 몽상은 오래가지 않는다. 사장이 끊임없이 작업장을 돌아다니며 감시하고 채근하기 때문이다. 사장의 발소리는 노동자가 잠시나마 노동에서 벗어나 자기 시간을 갖는 것을 방해한다.

사장의 감시 속에서 영혼의 자유도 누리기 어려웠던 노동이 끝나면 식사시간이 시작된다. 식사시간은 육체를 위한 휴식시간이다. 육체에 영양분을 공급해야 오후에도 계속 노동을 원활히 수행할 수 있기 때문이다. 식사시간은 원래 육체를 위한 충전시간이지만 자유가 그리운 노동자는 조금이라도 자신만의 자유로운 시간을 갖고자 한다. 위장에 음식을 채워 넣은 노동자는 강제된 노동이 주는 억압에서 벗어나기 위해 남은 시간에 자신이 원하는 것을 하고자 한다. 하지만 식사시간이 언제 끝나는지를 계속 신경 쓸 수밖에 없기 때문에 그는 결코 온전한 자유로움을 느끼지 못한다. 작업 재개를 알리는 종소리는 노동자에게 그의 시간은 자신의 것이 아니라는 것을 재확인시켜준다. 이것은 온전히 자신의 시간을 즐길 수 있는 자본가와의 차이에 대한 격한 자각을 불러일으킨다. "격렬한 노동이 유발하는 식욕으로 날카로워진 노동자의 위장에는 전혀 위생적인 음식이 들어가는 것이 아니라 나쁜 조리사가 만든 어느 정도 불순물이 섞인 음식이 들어간다. … 이 노동자는 절대적으로 행복을 원한다. 그는 조금이나마 자유롭게 되기 위해 급하게 음식을 먹는다. 그리고 조금 모호한 희망 속에서 20분을 방황한다. 그러나 그의 의도와는 달리 그의 귀는 주의 깊게 소리를 듣고 있다. 왜냐하면 곧 종이 칠 것이고 무엇보다도 종소리는 다른 사람들의 노동으로 먹고 사는 사람들과 위험한 비교를 하도록 하면서 그를 괴롭힐 것이기 때문이다"(Rancière, 1981, 73에서 재인용).

식사시간이 끝나면 다시 노동을 해야 한다. 강제된 노동을 남은 일곱 시간 동안 해내려면 마음을 굳게 먹어야 한다. "작업장으로 돌아가면 임무가 그를 지탱한다. 그는 지루하고 피할 수 없는 일곱 시간을 앞두고 의지로 무장을 한다. 몸을 먹여 살리기 위해서는 속박을 참아내야 한다." 억지로라도 노동의 작은 즐거움을 찾아내야 한다. 그렇지 않으면 하루하루를 작업장에서 보내는 것은 지옥 같은 고통이 될 것이기 때문이다. "종종 어려운 일을 솜씨 있게 잘 해내는 것이 그를 조금 즐겁게 하고 긴 시간을 토막 낸다"(Rancière, 1981, 73에서 재인용).

하지만 이 억지로 찾아낸 노동의 즐거움은 노동의 신성함이 가진 본질적인 쾌락은 아니다. 노동 자체가 노동자 자신을 위한 것이 아니기 때문이다. 그렇기 때문에 이 노동의 즐거움은 다른 동료 노동자들과 공유되지 못한다. "그는 성공에 대해 스스로 박수를 보내고 그가 깨달은 좋은 작업방식을 동료와 나누고 실행에 옮기고 싶어 한다. 그러나 덜 반항적이거나 더 가난한 다른 동료는 남몰래만 응답한다. 왜냐하면 그는 노동자들 사이에서 돌아다니면서 망을 보는 주인의 싫어하는 눈길을 알아차리기 때문이다"(Rancière, 1981, 74에서 재인용). 노동을 통한 다른 노동자들과의 유대 형성도 불가능한 상황에서 노동의 신성한 기쁨에 대해 말하는 것은 이상적인 사상가의 넋두리일 뿐이다.

자신의 자유로운 시간을 차압당하고 노동으로부터도 소외된 노동자가 할 수 있는 것은 모든 것을 잊고 일에만 매달리는 것이다. 이를 통해 그는 일 외에 다른 것은 생각하지 못하는 충실한 생산기계이자 노예가 된다. "이 저주받은 사람은 주인의 시선이 행사하는 이런 종류의 취조에 대해 분노하고 증오심으로 뼛속까지 떨리는 것을 느낀다. 이 충격이 마침내 가라앉으면 그는 망각에 빠지기 위해 격렬히 일한다. 일순간 그는 억제할 수 없는 기억에 대한 원한에서 멀어지는 데 성공한다. 그는 미친 듯이 일한다. 살아 있는 기계로서 그는 자신의 노동력을 소모하며 잃어버린 것을 사장의 이익을 위해 번다"(Rancière, 1981, 74에서 재인용).

노동자가 일을 멈추는 것은 노동착취에 대한 자각 때문이 아니다. 노동자는 착취에 대해 인식하고 있지만 그것 때문에 일을 멈추지는 않는다. 노동자가 일을 멈추는 것은 자유로운 영혼을 갈구할 때이다. 밀폐된 작업장에서는 밖을 볼 수 없다. 오직 높이 달린 창문을 통해서 조그맣게 하늘이 보일 뿐이다. 노동자는 창문 밖으로 보이는 나무의 꼭대기와 날아가는 새를 보며 잠시 몸을 멈춘다. 노동의 고통이 없는 나무와 자유롭게 나는 새를 보며 그는 현실의 억압에서 벗어난 다른 세상을 꿈꾼다. "이 목공은 옆집 지붕들 너머로 허공에 흔들리는 포플러 나무의 꼭대기를 본다. 그는 나무의 식물로서의 존재를 탐하고 더 이상 고통 받지 않기 위해 그것의 껍질 속으로 기꺼이 들어가고자 한다. 까마귀들이 지나간다. 그는 까마귀들이 지배하는, 그가 갖지 못한 방대한 시야에 대해 생각한다. 그는 까마귀들이 날아가는 아름다운 들판을 본다. 신의 섭리에 따라 살아가는 이 새들을 부러워하면서 그는 망상 속에서 인간에서 동물로 내려가고자 한다"(Rancière, 1981, 75에서 재인용).

잠시의 몽상도 사장과 작업반장의 감시의 눈총 때문에 금방 끝이 난다. 그는 다시 작업대와 연장, 나무들로 가득 찬 현실로 돌아온다. 그를 괴롭히는 사람과 물건들 앞에서 그는 지긋지긋함을 느낀다. "모든 것이 그에게는 혐오스럽다. 그의 주인도, 물건들도! 두 번째 작업시간이 혐오로 점철되어 끝이 난다"(Rancière, 1981, 75에서 재인용). 이런 혐오의 감정은 노동자로 하여금 자신과 동료들의 노동에 대해 차분히 생각할 기회를 준다. 이 때문에 두 번째 휴식시간은 첫 번째 시간과는 다른 방식으로 사용된다.

종소리에 대한 강박 속에서 자유 시간을 찾다 끝이 난 첫 번째 식사시간과는 달리 두 번째 휴식시간에 노동자는 동료들과 이성적인 토론에 임한다. 그는 노동의 착취에 대해 고발하고 자신이 생각하는 이상적인 세상에 대해 이야기한다. "계속해서 그는 자신의 대중적 열정들을 터뜨린다. 다시 말해 그는 자신의 동료들에게 그들의 임무의 정확한 양을 알려주면서 그들의 권리가 얼마만큼인지를 밝힌다. 그의 입김은 이 멍청한 천민들을 흥분시킨다. 반란의 지치지 않는 사도로서 그는 그들을 구석으로 끌고 간다. 그리고 거기에서 그는 그들에게 그들을 헐벗게 만든 이 사회에 그들이 지불해야 하는 살과 영혼의 세금들에 대해 폭로한다. 그러자 이 가담자들은 그들을 질식시키는 재갈에 맞서 대항하겠다는 맹세를 한다"(Rancière, 1981, 75에서 재인용).

하지만 이 공모는 봉기를 일으키거나 해방을 위한 조직을 결성하는 것으로 귀결되지 않는다. 노동자들이 공동체를 결성해 사장에 맞서 오랜 시간 지속되어온 지배 권력을 잠시나마 상징적으로 전복시키는 데 성공하는 것도 아니다. 이 공모는 그것보다는 시간의 속성을 바꾸는 기능을 한다. 첫 번째 휴식시간에 노동자가 다가올 작업시간을 예상하며 불안한 마음으로 고통 받았다면 두 번째 휴식시간에 노동자는 갑자기 작업시간을 알리는 종소리를 듣고 놀라게 된다. 공모 덕분에 다가올 작업시간에 대한 걱정을 잊은 것이다. 이 휴식시간은 온전히 노동자의 것이 된다.

휴식시간에 잠시 결성된 노동자 공동체는 종소리와 함께 사라진다. 노동자는 다시 고립된 채 억지로 일을 해야 한다. 노동자에게는 탈출할 밖의 공간이 존재하지 않기 때문에 노동은 더욱 고통스럽다. 작업장 밖은 노동자가 탈출할 수 있는 꿈의 공간이 아니라 노동자가 자신의 자리를 보전하기 위해 대립해야 하는 다른 노동자들이 대기하는 공간이다. "작업장의 문 밖에서는 다른 노동자들이 자리가 하나 비기를 기다리고 있기 때문이다. 사회의 너무나 많은 인구 때문에 노동자들은 그들을 노동에 희생시키는 사람의 손에 자신의 운명을 맡긴다"(Rancière, 1981, 76에서 재인용).

하지만 노동자가 보기에 사장이 사회질서로부터 혜택을 입고 있는 것은 사실이지만 사장도 사회질서의 포로일 뿐이다. 따라서 사장과의 관계를 전복시킴으로써 문제가 해결되는 것은 아니다. 사장과 평등한 동료의 관계를 형성하는 것이 필요하다. "그는 그들 사이에 형성된 타산적 관계에 수치를 느낀다. 그런 관계는 그에게 거리를 두게 만들고 항상 낮은 위치에 있게 한다. … 모든 것에 절망하고 싶지는 않기 때문에 그는 몇몇 친근한 면들을 찾는다. 왜냐하면 동료애는 그의 첫 번째 열정이기 때문이다! 초인적인 노력으로 그는 자신의 사장을 사랑하려고 시도한다…"(Rancière, 1981, 76에서 재인용).

노동자의 노력에도 불구하고 이 사회에서 개인들의 위치는 이미 결정되어 있기 때문에 단지 동료애의 추구만으로 노동자가 노동과정에서 경험하는 불만을 해소할 수는 없다. "그 시선은 종교적 감정에 의해 순화됐긴 했지만 반감을 누그러뜨리기에는 너무 고정되어 있다. 너무 늦었다. 증오가 불타오른다. 그렇게 우리 사회의 변화가 증오를 만들었다. 그는 여전히 고집을 피우며 그가 할 수 있는 한 최대한 부드럽게 주인의 아이들과 아내를 바라본다. 그러나 그는 그들이 현재와 미래의 착취자라는 것을 발견한다. 그 여자는 그에게 가해지는 수탈을 불러일으키는 경박한 지출을 하는 파괴적인 초과부담일 뿐이다"(Rancière, 1981, 77에서 재인용). 이렇게 해서 사장을 인간으로 보고자 하는 노력도 수포로 돌아가고 착취하는 자와 착취당하는 자 사이의 적대적 관계는 그대로 유지된다.

이제 하루가 저물어간다. 얼마 남지 않은 노동시간은 기다림 속에서 점점 더 길어져 간다. "모든 것을 아우르는 가장 끔찍한 것은 열 배나 길어진 기다림이다. 지겨움, 그것은 긴 작업시간 동안 따분한 일을 할 수밖에 없는 생산자들이 경험하는 끔찍한 것이다. 지겨움은 이 노동자의 팔다리와 정신을 흔들어놓는다. 일 때문에 정해진 몸의 자세는 그를 괴롭힌다. 그 안의 모든 것이 그 자신으로부터 벗어나고자 하고 행복과 같은, 그가 욕망하는 미지의 것을 향해 달려가고자 한다. 저녁이 밀려온다. 그의 영혼은 남은 시간을 세며 쇠약해진다"(Rancière, 1981, 77에서 재인용).

마침내 작업종료를 알리는 종이 울린다. 노동자는 작업장을 빠져나갈 수 있게 된다. 하지만 그것이 자유를 의미하는 것은 아니다. 작업장을 빠져 나온 노동자는 내일을, 다음 주를, 다음 달을 그리고 다가올 겨울을 걱정해야 한다. 자신과 가족을 먹여 살리기 위해 노동자는 끊임없이 노동할 곳을 찾아야 한다. 그리고 그것은 노동자에게 남은 유일하게 온전한 자신만의 것인 밤을 포기하도록 만든다. 낮의 노동을 위해 밤에 노동자는 잠을 자야 하기 때문이다. 그렇게 밤은 낮을 위한 수단으로 전락하면서 노동자의 손에서 멀어진다. "다음 겨울에 그가 일하지 못한다면 그의 아이들은 잠에서 깨 그에게 빵을 달라 할 것이다. 그가 이 힘든 계절에 약간의 일을 찾는다면 지긋지긋한 밤 시간을 먼저 염려할 것이다. 그 밤 시간에 고집스럽게 공부의 즐거움을 원하는 영혼은 공장 일에 대한 걱정에서 벗어나 배우는 쾌락과 생산하는 매력을 위해 밤을 바치고자 한다. 운명이 그가 이 불가침의 권리를 행사하는 것을 거부하지 않을까 걱정하면서"(Rancière, 1981, 77에서 재인용).

3. 노동자의 시간

엥겔스Engels는 『영국 노동자계급의 상태』에서 19세기 초반 노동자들의 비참한 삶의 모습을 상세히 기술한다. 공장이 있는 대도시의 빈민지역에 집단적으로 거주하는 노동자들은 부르주아지의 가혹한 착취 속에서 질병과 굶주림에 시달리며 하루하루를 연명해 간다. 그들은 괴로운 현실을 잊기 위해 술과 매춘에 탐닉하고 절도와 폭력 등의 개인적 범죄를 저지르기도 한다. 하지만 엥겔스는 바로 그런 어려운 경제적, 사회적 상황이 노동자들을 하나의 계급으로 만들어 주며 부르주아지에 맞서 싸워 새로운 세상을 만들겠다는 투쟁의지를 길러준다고 본다. "인구의 집중이 자산계급을 자극하고 발전시키는 만큼 노동자계급을 훨씬 더 빠른 속도로 발전시킨다. 노동자들은 전체로서 계급으로 자각하기 시작한다. 개별적으로는 약하지만 모여서 세력을 형성할 수 있다는 것을 느끼기 시작한다. 대도시에서의 생활은 노동자계급을 부르주아지로부터 분리시킨다. 또한 노동자계급에게 노동자의 생활상의 위치에 따르는 세계관의 발전이 촉진된다"(Engels, 1845/1988, 161). 착취에 대해 자각하는 것은 바로 해방에의 의지를 불러일으킨다. "노동자의 분노, 노동자의 정열은 바로 노동자가 자신의 비인간적인 위치를 절감하였다는 사실의 증명이며 노동자가 더 이상 짐승의 수준으로 타락하기를 거부하고 언젠가는 부르주아지에 대한 노예상태에서 해방될 것이란 사실에 대한 증명인 것이다"(Engels, 1845/1988, 156). 그리고 이 의지는 노동조합과 정당의 결성을 통해 정치적 투쟁으로 연결된다. 경제적 상황에 의해 계급의식이 형성되며 노동자들은 개인적 투쟁이 아닌 조직을 통한 투쟁으로 나아간다는 엥겔스의 생각은 이후 노동자들에게 대한 사회주의 이론가들의 전형적인 생각으로 굳어진다. 19세기 초 유럽 노동자들의 상태와 비교해도 결코 더 낫지 않은 1960년대 한국 노동자들의 상태를 잘 묘사하고 있는 『전태일 평전』도 극심한 노동착취에 의한 육체적, 경제적 어려움 때문에 노동문제를 자각하게 된 노동자가 조직 결성을 통해 투쟁에 나서고 노동자 전체의 이익을 위해 자신을 희생하는 모범적 모습을 보여준다. 19세기 노동자들의 글을 꼼꼼히 읽기 전까지 랑시에르도 이런 생각을 공유하고 있었다. 랑시에르는 노동자들이 부르주아지에 의한 착취에 분노하고 자신들도 동등한 인간이라고 주장하며 투쟁과 봉기를 주장하는 글들을 만날 것이라 예상했다. 하지만 그는 뜻밖에도 부르주아지의 삶을 동경하는 것처럼 보이는 글들을 만난다. 거기에는 자신이 처한 경제적 현실로부터 노동자로서의 정체성의 자각과 계급의식의 형성을 거쳐 노동자 고유의 생각과 문화를 만들어가는 노동자는 없었다. 그것은 어찌 보면 남들이 만들어 준 노동자의 이미지이고 노동자의 정체성이다. 랑시에르는 경제적 현실을 충실히 반영하고 사회가 이미 예상하고 정해 준 노동자의 문화와 정체성을 만들어가기는커녕 오히려 사회가 전혀 예상하지 못한 방식으로 자신의 세상을 건설해 가는 노동자들을 발견한다.

고니가 묘사한 노동자의 일상은 엥겔스가 조사한 영국의 노동자들처럼 강제된 노동에 분노하고 절망하는 노동자의 모습을 보여준다. 그런데 그런 분노는 부르주아지에 대한 투쟁 의지와 봉기라는 실천으로 이어지지 않는다. 고니는 작업장에서의 규율과 감시, 노동의 지겨움, 자신의 노동이 갖는 예속성에 분노한다. 이 분노는 근원적으로는 자신의 시간을 자유롭게 사용할 수 없다는 사실에서 나온다. 고니는 간절하게 자신이 누릴 수 있는 자유 시간을 찾는다. 그것은 노동시간 중간에 주어진 짧은 휴식시간이 될 수도 있고 작업 도중 잠깐 한눈을 파는 시간이 될 수도 있다. 하지만 그런 시간은 사장의 감시와 작업장의 규율 때문에 결코 온전한 자유 시간이 될 수 없다. 고니에게 남은 것은 밤의 시간뿐이다. 낮 시간 동안 작업장에서 강제되는 노동의 의무에서 자유로워질 수 있는 유일한 시간은 밤뿐이다. 하지만 그 밤의 시간마저도 내일의 노동을 위해 사용되어야 한다. 하지만 고니는 밤을 온전한 자신만의 시간으로 갖고자 한다. 그는 밤에 책을 읽고 글을 쓰고 동료들과 토론을 하는 즐거움을 누리고자 한다.

노동자가 이런 밤의 호사를 즐기는 것은 매우 어려운 일이다. 낮 시간 내내 지속된 강도 높고 지루한 노동은 그의 몸을 지치게 하고 내일 반복될 노동에 대한 두려움으로 몸은 조금이라도 더 쉬기를 원하기 때문이다. 게다가 책을 소유하는 것도 쉽지 않았다. 1830년대만 하더라도 책의 가격은 비록 저렴해지긴 했지만 아직 노동자들이 쉽게 접근할 만한 수준은 아니었다. 또한 밤에 책을 읽고 글을 쓰기 위한 불빛을 확보하는 것도 쉽지 않은 일이었다. 노동자들의 집은 창이 거의 없어 빛이 잘 들지 않는 구조로 되어 있었고 양초는 비쌌다. 1830년대에 기름램프가 도입되고 1850년대에 파라핀 램프가 사용되기 시작했지만 대부분의 노동자 가정에서는 온 가족이 저녁밥을 먹을 때만 램프를 켤 수 있을 정도로 경제 사정이 좋지 않았다. 이런 물질적 어려움들에도 불구하고 많은 노동자들이 독서와 창작, 토론을 위해 밤 시간을 할애했다.

모든 어려움에도 불구하고 자신의 시간을 온전히 자신의 즐거움을 위해 사용하고자 하는 것은 고니의 오랜 꿈이다. 아직 자본에 예속된 노동자가 되기 전 짧은 어린 시절 고니는 자유롭게 떠돌며 몽상하는 즐거움을 누렸다. "항상 나는 혈기왕성했다. 하지만 그 나이에 나는 부드럽게 꿈꾸는 생각을 갖고 혈기왕성했다. 그 생각들은 나무그늘 아래 말랑한 몽상 속에서 방황하고 있었다. … 그들의 어린 시절 사랑스러운 시는 황홀한 매력과 함께 저녁 햇살의 희미한 광채, 나뭇잎들을 뒤흔드는 바람의 자유분방한 환희, 아침의 순수한 깨어남, 밤공기의 흔들림과 동일시됐다(Rancière, 1981, 61에서 재인용). 거리를 자유롭게 뛰어다니던 고니의 삶은 어느 날 어머니가 가져온 신문 한 장으로 바뀐다. 그는 글자를 발견하고 읽는 즐거움에 푹 빠진다. 그의 꿈은 자신의 서재를 갖는 것이 된다. 가난한 노동자의 아들인 고니에게 있어서 서재를 갖는다는 것은 신문 조각들을 모으는 일이다. "나의 어머니는 그녀가 산 곡식을 포장하는 데 사용된 봉투를 나에게 남겨주기로 결정했다. 아! 나는 얼마나 뛰면서 저녁에 우리 집에 들어와 연설조각들, 연대기 잔해들 같은 이 선물 받은 보물들을 탐사했던가! 그리고 어머니에게 항상 같은 가게에서 곡식을 사라고 부탁을 했지만 어머니가 봉투나 고깔 모양으로 나에게 갖다 준 종이의 첫 번째 이야기와는 결코 이어지지 않는 이야기를 종이의 찢겨진 끝자락에 다다라 더 이상 따라갈 수 없을 때 얼마나 화가 나 초조해 했던가!"(Rancière, 1981, 62에서 재인용).

아직 아이들에 대한 의무교육이 실시되지 않았던 시대에 노동자의 아이들은 다양한 방법으로 글을 배운다. 운이 좋은 아이들은 교회에서 운영하는 학교에서 성경공부를 하며 글자를 배운다. 가장 상황이 안 좋은 아이들은 거리에서 지나가는 학생에게 신분조각들에 적힌 글자를 물어보며 글을 배운다. 또 다른 아이들은 집에서 자코토의 '보편적 가르침' 방법에 따라 부모에게서 글을 배운다. 하지만 아이들이 글을 배우고 읽는 즐거움을 가질 시간은 길지 않다. 그들은 곧 그들의 의지와 관계없이 강제된 노동의 길에 들어서야 한다. 어떤 아이는 체념하고 고니와 같은 아이는 분노한다. "청소년이었을 때 주변 상황 때문에 나는 뒤집힌 세상에 던져졌다! 나는 혼란에 빠졌고 계속된 격분 상태는 내 심장을 좀먹었다. … 나는 가난과 단조로운 견습생활의 비참함을 겪으면서 복수를 알았다. 나는 반항했고 내 살은 떨렸으며 내 눈은 미쳤다. 나는 흉폭했다…"(Rancière, 1981, 64에서 재인용).

자유를 빼앗기고 공부를 할 수 없게 된 채 강제로 작업장에 들어갈 수밖에 없는 아이들은 노동보다는 죽음을, 작업장보다는 감옥을 더 선호한다. 질랑은 아이들의 상태를 이렇게 묘사한다. "나는 불쌍한 아이들이 절망한 상태로 자신들이 저주받았다고 믿으며 그렇게 사는 것보다는 죽음을 선호하는 것을 봤다. 그들은 자발적으로 죽음을 선택하며 너무나 아름다워야 할 나이에 후회 없이 삶을 버렸다. 다른 아이들은 온갖 종류의 학대 때문에 죽었다. 매일 그들이 받아야 할 벌들에 대한 두려움 때문에 그들의 생각은 고열의 망상 속에서 사라졌다. … 다른 아이들은 도둑이 됐다! … 그렇다, 도둑이다! 그것은 모두가 그렇게 믿으려 하는 것처럼 좀도둑의 유혹 때문도 아니고 살기 위해서도 아니다. 오로지 그들의 운명의 가혹함에서 벗어나기 위해서이다"(Rancière, 1981, 65에서 재인용).

이런 아이들의 절망 앞에서 성공하기 위한 삶의 지혜에 대해 설교하는 많은 조언자들은 바로 그런 절망에 빠지지 않으려면 좋은 직업을 가져야 한다고 말한다. 하지만 아이들이 절망하는 이유는 나쁜 직업을 갖게 됐기 때문이 아니라 강제된 노동을 하게 됐기 때문이다. 고니가 말하듯 "노동자로서의 나의 모든 고통 중 최악인 것은 나를 질식시키는 노동의 우둔함이다"(Rancière, 1981, 66에서 재인용). 노동자는 더 나쁜 노동을 거부하는 것이 아니라 노동 자체를 거부하는 것이다. 이것은 일반적으로 우리가 갖는 노동에 대한 이미지와는 반대되는 것이다. 자신의 지적, 육체적 능력을 쏟아 완성해낸 결과물을 앞에 두고 뿌듯함, 만족감 등의 정신적 쾌락을 느끼는 노동자의 이미지는 여기에 없다. 노동자의 쾌락이 없는 것은 단지 결과물이 상품이 돼 팔리면서 결국 자신의 노동이 자본가의 배를 불려주는 수단이 되는 것을 노동자가 목도하기 때문만은 아니다. 그것은 노동 자체가 어떤 즐거움도 주지 않기 때문이다. 노동이 즐거움을 준다면 기꺼이 노동을 하고자 하는 사람은 많을 것이다. 한 노동자는 이렇게 말한다. "나는 내가 아동복을 재봉질할 수밖에 없게 됐다고 말하지 않았다. 나는 이 전문적 일이 더 적은 노력과 더 적은 지적 능력을 요구하기 때문에 이 일을 선택했다고 말하는 것이다. 바느질이 잘 되고 모양이 잘 빠진 옷을 입고자 하는 사람들은 그렇게 좋아 보인다면 스스로 그 일을 하라. 나는 가능한 한 덜 우둔해지고 싶다"(Rancière, 1981, 66에서 재인용).

노동을 하는 것은 단지 생존하기 위해 그것이 필요하기 때문이다. 노동을 하지 않고도 살 수가 있다면 가장 좋은 일일 것이다. "노동을 하는 이유들을 제시하는 것은 그 이유들이 아무리 고귀한 것이라 하더라도 조만간 매력적인 노동의 이미지를 보여주는 것이다. 그리고 그 이미지를 보여주는 것은 있는 그대로의 노동에 대한 혐오를 곧 불러일으킨다. 또한 의무 안에 내재된 구속 그 자체가 쾌락이 아니라면 노동의 구속 안에는 어떤 쾌락도 없다"(Rancière, 1981, 68-69). 노동의 즐거움이 만약 있다면 그것은 자신에게 강제된 노동을 해냈다는 만족감에서 오는 도덕적 즐거움이다. 다시 말해 노동의 의무를 완수하는 즐거움이다. 노동의 즐거움은 생존하기 위해 매일 일정량의 시간 동안 노동을 해야 하는 의무로 환원된다. 구체적으로 어떤 노동을 했느냐는 것이 아니라 정해진 시간 동안 노동의 의무를 완수했느냐 하는 것이 문제이다. 노동의 의무를 완수하는 것은 시간당 임금이란 것을 통해 보상받는다. 노동의 구체적 질은 노동시간이라는 추상적 양에 의해 대체된다. 노동은 시간의 문제인 것이다. 노동자의 삶은 생존하기 위해 완수해야 하는 강제된 노동시간과 그 안에서 힘들게 확보해내는 가능한 자유 시간으로 구성된다. 노동시간이 자유 시간을 침범할수록 노동의 고통은 커져간다. 고니가 아침에 출근을 하면서, 작업장에서 잠시 휴식을 하면서 분노와 초조함으로 고통 받은 이유는 자신이 해야 할 노동의 강도 때문이 아니라 자신이 뺏겨야 하는 시간 때문이다.

낮 동안 강제된 노동은 노동자의 시간을 모두 빼앗아가면서 노동자를 우둔한 자로 만든다. 노동자는 낮에는 의무를 완수하기 위해 노동만을 해야 하고 밤에는 내일의 의무를 다하기 위해 잠을 자야 한다. 노동자에게는 오직 노동을 위한 시간만이 허용된다. 아무 일도 하지 않은 채 자유롭게 시간을 보내는 것은 부르주아지만이 가진 특권이다. 부르주아지는 무위도식하며 빈둥거리며 시간을 보낼 수도 있고 시를 쓰거나 음악이나 그림을 만들고 역사 공부에 푹 빠지거나 잡다한 것들을 발명하느라 시간을 보낼 수도 있다. 시간은 부르주아지에게 속한다고 할 수 있다. 고니가 분노하고 절망한 것은 바로 이 사실을 뼈저리게 느끼고 있기 때문이다. "시간은 나에게 속하지 않는다"(Rancière, 1981, 33에서 재인용).

고니와 같은 몇몇 노동자들은 이런 시간의 박탈에 저항한다. 그들은 시간을 자신들의 것으로 만들고자 한다. 그들은 무위도식하면서 게으름을 피우고 시를 짓거나 책을 읽는 쓸모없는 일을 하며 시간을 보내고자 한다. 그들이 이렇게 자유롭게 보낼 수 있는 시간은 강제된 노동의 시간과 강제된 수면의 시간 사이의 짧은 틈에서 찾을 수 있다. 그래서 그들은 기꺼이 강제된 수면을 거부하면서 밤을 자신의 시간으로 만들고자 한다. "그들이 자신들만의 밤을 갖고 있지 않은 것은 밤이 낮의 작업을 지시하는 사람들에게 속하기 때문이다. 그들이 말을 한다면 그것은 그들의 욕망의 밤을, 저들의 밤이 아니라 우리의 밤을, 잠을 자지 않을 수 있는 사람들에게 예약된 환상과 가상의 왕국을 얻기 위해서이다"(Rancière, 1981, 28).

노동자들은 기꺼이 자신들의 밤을 책을 읽고 몽상을 하는 데 할애하고자 한다. 그들은 낮에 자신들의 몸으로 직접 경험한 노동의 일상에서 벗어나 책이 제공하는 허구적인 몽상의 세계로 들어가고자 한다. 그 세계는 현실과는 무관한 가짜의 세계이다. 비판적인 사상가라면 이런 거짓된 겉모습으로 꾸며진 허구의 세계에 빠져드는 것을 현실도피나 사회비판의식의 마비라고 부를 것이다. 매일 엄청난 양의 노동에 시달리거나 아무것도 벌지 못하는 실업 상태에서 방황하는 프롤레타리아가 우수, 멜랑콜리, 사랑, 비탄 등과 같은 감정들을 불러일으키는 허구의 세계를 욕망하는 것은 자신의 계급적 상태를 망각하고 부르주아지의 세계를 동경하는 것이라고 볼 수도 있다. 하지만 노동자의 글들을 찬찬히 읽으면서 랑시에르는 문제가 그렇게 단순하지 않다는 것을 발견한다. "프롤레타리아의 진정한 고된 일을 부르주아의 헛된 무기력함과 맞바꾸려 하는 것은 분명히 미친 허영이다. 하지만 이 고된 일들 중 가장 힘든 것이 바로 이 무기력함의 시간을 남겨두지 않는 것이라면? 거짓된 것들을 즐길 수 없다는 것이 가장 진정한 고통이라면?"(Rancière, 1981, 29).

노동자들은 현실과는 다른 허구의 세계를 발견하면서 그 세계를 현실로서 살고 있는 타자를 만난다. 그 타자는 노동자가 겪는 현실의 지옥을 허구로서 경험하는 사람들이다. 노동자들은 바로 이 만남을 통해 자신을 알게 된다. "일상적 경험들의 느린 축적에서보다는 실제 세계가 가상 속에서 흔들리는 바로 이 순간들에서 이 세계에 대한 판단의 가능성이 형성되기 때문이다. 그렇기 때문에 프롤레타리아의 고통들을 잠재운다고 여겨진 이 다른 세계들이 의식을 가장 날카롭게 만드는 것이 될 수 있다"(Rancière, 1981, 31). 바로 이런 이유로 고니는 동료들에게 다른 세계의 비밀을 알기 위해 노력할 것을 강력히 권유한다. "지독한 책읽기에 빠져 봐라. 그것은 너의 불행한 존재에 열정을 일깨워줄 것이다. 그리고 프롤레타리아가 자신을 먹어치울 준비를 하는 것에 맞서 일어서기 위해서는 그것이 필요하다. 그래서 『모방Imitation』에서 『렐리아Lélia』까지 숭고한 기획자들 안에서 작동하는 이 신비하고 놀라운 슬픔의 수수께끼를 찾아라"(Rancière, 1981, 31에서 재인용).

밤의 시간을 자기 것으로 만들면서 노동자가 책을 읽고 쓴다는 것은 노동자가 생각한다는 것을 의미한다. 노동자는 생각한다. 고니는 말한다. "이제 우리의 슬픔은 최고이다. 왜냐하면 그 슬픔이 고찰되기 때문이다"(Rancière, 1981, 29에서 재인용). 노동자들은 이미 일상의 경험을 통해 자신의 노동이 소외되고 있다는 것을 안다. 노동력을 상품으로 팔고 노동력으로 만든 결과물이 노동력보다 더 높은 가치를 가진 상품으로 다시 팔릴 때 노동자는 상품을 통해 자신이 착취되고 있다는 것을 안다. 마르크스주의자들은 노동자가 이 '상품의 비밀'을 알지 못하기 때문에 계급투쟁에 나서지 못한다고 생각한다. 따라서 혁명과 해방에 이르려면 노동자가 자신의 삶의 가장 밑바닥까지 내려가 지옥을 체험하면서 현실을 자각해야 하고 지식인과 당이 그 비밀을 노동자에게 알려주고 투쟁을 조직하는 것이 필요하다고 주장한다. 하지만 랑시에르가 보기에 '상품의 비밀'은 이미 노동자에게 명약관화한 것이다. 따라서 "프롤레타리아가 자신의 고유한 존재와 투쟁의 의미를 규정하기 위해 필요한 것은 바로 다른 사람들의 비밀이다. … 프롤레타리아가 '자신을 먹어치울 준비를 하는 것'에 맞서 일어서기 위해서 그에게 착취에 대한 지식이 부족한 것은 아니다. 바로 자신에 대한 지식이 그가 착취가 아닌 다른 것을 위한 존재라는 것을 그에게 폭로한다"(Rancière, 1981, 32).

4. 나선의 운동

노동자가 생각을 하고 책을 읽으며 다른 사람들의 비밀을 찾아내려 한다는 것은 세상이 뒤집혔다는 것을 의미한다. 오랜 옛날부터 책을 읽으면서 다른 사람들의 비밀을 찾는 일은 노동자들이 할 일이 아니라 지식인에게 할당된 일이기 때문이다. 노동자는 노동자의 할 일이 있고 지식인은 지식인의 할 일이 있다는 생각은 인류 역사에 깊은 뿌리를 내린 분할의 논리를 바탕으로 한다. 플라톤은 『국가론』에서 소크라테스의 입을 빌려 국가 안에서 계급의 위계가 나눠지는 것을 다음과 같은 거짓된 우화로 정당화한다. "당신들 중에 어떤 사람은 명령하는 능력을 갖고 있으며 신들이 이런 사람을 만들 때 금을 섞었기 때문에 그들은 최상의 영예를 차지하고 어떤 사람들은 은을 섞어서 그들의 보조자가 되게 했다. 그리고 그 밖의 사람들은 놋쇠나 철로 만들어서 농부나 직공이 되게 한 것이다"(Platon, 2009, 144-145). 신이 금을 넣어 만든 사람은 통치자가 되고 은을 넣어 만든 사람은 전사가 되며 철을 넣어 만든 사람은 노동자가 된다. 통치자는 생각하면서 통치하고 전사는 적에 맞서 싸우고 지키며 노동자는 물건을 만들어 통치자와 전사를 먹여 살린다. 국가를 구성하는 사람들을 통치자, 전사, 노동자로 나누고 각각의 신분을 가진 사람들이 자신들에게 할당된 자리를 이의 없이 받아들일 수 있도록 신에 의한 선천적 분할의 논리를 내세운 것이다. 랑시에르는 인위적인 차이를 자연적인 차이로 만들어 사람들에게 각자 사회적 지위와 자리를 할당하고 신분을 나누는 것이 마치 타고난 속성에서 비롯된 것으로 받아들이게 만드는 이런 거짓된 우화가 인류 역사를 통해 계속 재생산되고 있으며 심지어는 사회의 기존 체계를 비판하며 이런 분할을 타파하고자 하는 사상가들에 의해서도 되풀이되고 있다고 생각한다. 그들은 노동자들을 현실의 지배구조를 파악하지 못하고 착취당하는 수동적인 존재로 보고 연민의 정을 느끼거나 아니면 반대로 지배계급에 맞서 자신들의 고유한 문화와 의식을 갖고 삶을 바꿔나가는 노동자들의 능동성을 찬양한다. 노동자들을 자신들의 정체성을 아직 발견하지 못한 존재로 파악하든, 자신들의 정체성을 확보하고 투쟁하는 존재로 보든, 이들은 모두 노동자들을 노동자들만의 자리에 위치시키고자 한다.

랑시에르는 노동자들의 글 속에서 사회가 노동자들에게 할당한 자리에서 끊임없이 벗어나는 노동자들의 모습을 발견한다. 그들은 자신들이 속한 현실의 문제점을 알지 못한 채 착취당하는 수동적 존재도 아니고 부르주아지와는 다른 자신들만의 정체성과 문화를 만들어가는 투사도 아니다. 그들은 자신이 아닌 다른 사람이 되기를 꿈꾸면서 그들이 볼 수 없고, 쓸 수 없고, 말할 수 없고, 할 수 없는 것을 보고 쓰고 말하고 한다. 그들은 시간이 자신들에게 속하지 않는 것을 알면서도 자신들의 시간을 만들어낸다. 사람들은 시간을 과거에서 미래로 흐르는 연속선 위에서 이해하면서 미래의 행복을 위해 현재의 고통을 참고 일해야 한다고 말한다. 하지만 해방된 노동자들은 시간을 지금 여기에서 소유해야 할 것으로 이해한다. 중요한 것은 현재의 시간을 어떻게 자신의 것으로 만드느냐 하는 것이다. "시간은 나에게 속하지 않는다. 그래서 내일 나는 너의 집에 갈 수 없을 것이다. 하지만 만약 네가 두시에서 두시 반 사이에 부르스 광장에 있을 수 있다면 우리는 지옥의 경계 위에 있는 불쌍한 혼령들처럼 만나게 될 것이다"(Rancière, 1981, 33에서 재인용). 고니는 시간이 자신에게 속하지 않는다는 것을 알지만 그 시간 중 30분을 잘라내 자신의 시간으로 만든다. 그리고 "시간은 나에게 속하지 않는다"라는 글을 쓰는 시간을 자신의 것으로 갖는다. 그는 시간을 가진 자와 시간을 갖지 않은 자 사이의 분할을 깨는 한편 공간의 분할도 없애는 꿈을 꾼다. 작업장 벽 위에 난 작은 창문으로 보이는 하늘과 새를 바라보며 자신에게 속하지 않은 공간을 꿈꾸던 고니의 목수는 자유를 갖기 위해 도급으로 일을 하청 받아 마루판을 까는 일을 한다. 일은 훨씬 더 고되고 힘들어졌지만 육체가 괴로운 만큼 정신은 자유로워진다. 폐쇄된 작업장의 회색빛 공간과 주인의 감시의 시선에서 자유로워진 목수는 시선의 자유를 만끽한다. "자신의 집에 있다고 믿기 때문에 그는 자신이 바닥을 까는 방의 일을 끝마치지 않는 한 그곳의 배치를 사랑한다. 창문이 정원 쪽으로 열리거나 그림 같은 지평선을 내려다보면 한순간 그는 자신의 팔을 멈추고 이웃한 집들의 주인들보다 더 잘 넓은 전경을 즐기기 위해 상상으로 그 전경을 향해 날아간다"(Rancière, 1981, 91에서 재인용). 그는 작업이 끝나면 그 방을 원래 주인에게 넘겨주고 떠나야 한다는 것을 안다. 또한 그의 일이 불안정하며 언제든지 일자리를 잃을 수 있고 언젠가는 빈곤 속에서 죽음을 맞이할 것이라는 것도 안다. 하지만 그는 이 불확실함 속에서 비밀스러운 즐거움을 찾는다. 노동을 하던 팔을 멈추고 창문 너머 넓은 전경을 바라보는 순간 그는 노동의 공간을 자유로운 게으름의 공간으로 만든다. 방 안에서 노동만을 해야 하는 사람과 방 안에서 밖의 경치를 바라보며 여유를 즐기는 사람 사이의 분할은 이렇게 깨져나간다.

랑시에르가 19세기 노동자들의 글을 읽으면서 발견한 것은 사회가 정해준 자리에서 벗어나 자신들에게 속하지 않은 것, 자신들에게 할당되지 않은 것을 하는 노동자들의 모습이다. 그들은 착취를 인지하고 계급의식을 갖거나 동료 노동자들과의 연대를 모색하는 노동자들이 아니다. 그들은 이미 착취의 메커니즘을 알고 있으며 동료 노동자들은 연대보다는 주인의 감시 속에서 주인과 공모하는 것을 선호한다. 이 노동자들이 갖는 독특함은 바로 이들이 자신에게 속하지 않은 다른 곳을 보고 알려고 한다는 것이다. 노동자라는 정체성을 버리고 자신이 아닌 다른 사람이 되고자 한다는 것이다. 랑시에르는 이것을 같은 자리를 맴도는 원의 운동이 아니라 자신의 자리를 벗어나 분할의 경계를 넘어서 다른 곳으로 나아가는 나선의 운동으로 형상화한다. "여기에서 규정되는 운동은 나선의 운동이다. 동일한 에너지가 적의 이로움을 위해 소진되는 원들과 닮았지만 이 나선은 다른 사회적 존재양식을 향해 실질적인 상승을 실현한다. 다른 사회는 주인이나 부르주아 계급과의 파괴적 대립이 아니라 다른 인류의 생산을 상정하기 때문에, 악의 치유는 반란과 반란 유포의 독특한 고행을 거치기 때문에, 해방의 환상은 지배를 재생산하는 몰이해가 아니라 이 재생산의 가장 가까운 곳을 이미 결정적인 간격을 두고 지나는 원의 비틀어진 길이다"(Rancière, 1981, 92).
노동자들은 자신을 다른 사람으로 간주하고 자신에게 일반적
으로 사회가 인정하지 않는 특별한 능력이 있다고 믿는다. 그리
고 인간은 모두 동등하다고 생각한다. 하지만 그런 간주는 착각
이며 믿음은 불가능하고 생각은 잘못된 것이다. 왜냐하면 그것
들은 모두 사회가 정해놓은 자리에 맞지 않는 것이기 때문이다.
하지만 이 착각과 불가능한 믿음, 잘못된 생각으로부터 다른 방
식으로 생각하고 보고 존재하는 것이 가능해진다. 이 착각과 불
가능한 믿음, 잘못된 생각—사회를 분할하는 방식과 서로 맞지
않는 것, 즉 '불화mésentente'의 상태인 것—이 원의 운동을 나선의
운동으로 변화시킨다. 이 나선의 길을 따라 노동자의 생각과 육
체는 자신들에게 할당된 자리에서 벗어나는 해방의 여정을 떠
난다.

제4장
무식한 선생

1. 전태일의 의지

1970년 서울 평화시장 피복제조 작업장의 노동자들은 아침 8시 반에서 밤 11시까지 14시간이 넘는 시간을 노동하며 일이 밀릴 때는 삼일 연속으로 밤낮으로 잠도 자지 못하고 일을 해야 하는 고된 노동에 시달리고 있다. 노동자들은 하는 일과 숙련도에 따라 재단사, 미싱사, 미싱보조, 시다로 이뤄진다. 노동자의 80%를 차지하는 시다와 미싱보조는 10대 초중반의 소녀들이다. 일이 많을 때 업주들은 어린 노동자들에게 잠 안 오는 약을 먹이거나 주사를 놓아가며 밤일을 시킨다. 이들이 한 달 동안 쉴 수 있는 날은 첫 번째와 세 번째 일요일, 단 이틀뿐이며 그나마도 제대로 지켜지지 않는다. 높이 1.5미터 정도밖에 되지 않아 똑바로 일어서기도 힘든 어두컴컴한 공간에 3제곱미터당 4명의 노동자가 밀집되어 있으며 좁은 공간은 각종 설비와 도구, 재료 등으로 꽉 차 있어 앉은 자리에서 몸을 돌리기도 쉽지 않다. 통풍과 채광이 안 되는 좁고 어두운 작업장은 옷감에서 나는 포르말린 냄새와 각종 먼지로 가득 차 있어 숨쉬기가 곤란할 정도이며 작업대 바로 앞을 비추는 강한 백열전등의 불빛은 노동자의 눈을 혹사시킨다. 2,000명의 인원이 변소 3개를 이용하며 400개의 작업장이 있는 곳에 상수도 시설은 세 개뿐이다. 냉난방 시설이 전혀 없어 여름에는 더위에 지쳐 쓰러지고 겨울에는 동상에 걸리는 노동자들이 속출한다. 지옥이라 불러도 될 정도의 열악한 환경 속에서 거의 쉬지 못하고 일을 하며 받는 임금은 시다의 경우 최저 1,800원, 가장 많이 받는 재단사가 최고 30,000원이다. 시다의 일당 60원은 당시 커피 한 잔 값도 채 되지 않는 돈이지만 그나마도 온전히 다 받지 못할 때가 다반사다. 오후 1시에 오전 작업이 끝나고 30분에서 1시간의 점심시간이 주어진다. 왕복 교통비를 제하면 별로 남는 것이 없는 돈을 받는 시다들은 한 개에 1원하는 풀빵 몇 개로 점심을 때우거나 굶기가 일쑤이다. 모든 노동자가 위장병을 갖고 있으며 대부분이 신경통, 류머티즘, 폐질환, 피부병에 시달리고 있다.

이 평화시장 노동자들 속에 전태일이 있다. 전태일은 1965년 평화시장에 시다로 발을 들어 놓은 후 미싱보조, 미싱사를 거쳐 재단사가 된다. 어려운 가정환경 때문에 전태일은 학교를 제대로 다니지 못한다. 초등학교 4학년을 중퇴한 그는 가정형편이 좀 나아졌을 때 중학교에 진학하지 못한 아이들을 위해 만든 야간학교를 잠시 다니지만 그마저도 일 년을 채 다니지 못한다. 하지만 그 시기가 그의 일생에서 가장 행복했던 시기였다. 낮에는 집에서 아버지의 재봉일을 돕고 밤에는 학교에서 공부하는 것은 열다섯 살의 소년에게 무척 힘든 일이었지만 동시에 매우 즐거운 일이었다. "나는 기초지식이 없어 영어와 수학 과목은 이해하는 데 무척 힘이 들었다. 그렇지만 다른 과목은 다 재미있고 50분 수업시간이 너무 짧은 것 같았다. 정말 하루하루가 나를 위해 존재하는 것 같았다. … 아침 6시에 기상하면 같은 반 학생인 재철이네 집에 원섭이와 셋이 모여서 아령을 들고 역기를 들고 앞산 비행장까지 마라톤 연습을 했다. 앞산까지 뛰어갔다가 집으로 돌아와 밥을 먹고 그때부터 아버지께서 하시는 재봉일을 도와가면서 벽에 써 붙여둔 영어단어를 열심히 외웠다. 뜨거운 다리미질을 하면서 영어단어를 외우다가 손끝이 다리미에 닿으면 깜짝깜짝 놀라는 일이 한두 번이 아니었다. … 점심을 먹고 나서 다시 오후 4시 반까지 일을 계속하고 학교에 가면 그때가 하루 일과 중 제일 즐거운 시간이었다. … 1학년 2학기에 접어들면서 한 달가량은 어떻게 허둥거렸는지 아침에 세수할 때마다 코피로 세숫대야를 벌겋게 물들였다"(조영래, 2001, 34-35에서 재인용).

코피로 세숫대야를 붉게 물들일 정도로 고된 나날을 보냈지만 전태일에게 있어서 이 시기는 온전히 자신의 시간을 가질 수 있었던 시기였기에 가장 행복한 시기로 기억된다. 그의 기쁨은 맑은 하늘 아래에서 마음껏 뛰어놀면서 시간을 보낼 수 있었던 체육대회에서 절정에 달한다. "그렇게도 마음 설레면서 기다리던 고등공민학교 대항 체육대회가 경북대학교 사범대학에서 열리는 날이 왔다. 너무 흥분한 나는 4시도 되기 전에 일어나서 준비운동을 하고 부엌에서 설쳤다. … 맑은 가을하늘은 구름 한 점 없이 깊었으며, 그늘과 그늘로 옮겨 다니면서 자라 온 나는 한없는 행복감과 인간만이 누릴 수 있는 특권인 서로 간의 기쁨과 사랑을 마음껏 느꼈습니다. 내일이 존재한다는 것이 얼마나 즐거운 일인가. 나는 내가 살아 있는 인간임을 어렴풋이나마 깨닫고 조물주에게 감사했습니다"(조영래, 2001, 36-37에서 재인용).

"학업을 중단하기는 죽기보다 더 싫었"지만(조영래, 2001, 42에서 재인용), 전태일은 공부를 계속할 수는 없었다. 집을 나와 서울 거리를 떠돌던 그는 살아남기 위해 일을 해야했고 구두닦이, 우산장사 등을 전전하다 평화시장에 들어가게 된다. "한 달 월급은 1,500원이었다. 하루에 하숙비가 120원인데 일당 50원으로는 어림도 없는 일이었지만 다니기로 결심을 하고 모자라는 돈은 아침 일찍 여관에서 손님들의 구두를 닦고 밤에는 껌과 휴지를 팔아서 보충해야 했다. 뼈가 휘는 고된 나날이었지만 기술을 배운다는 희망과 서울의 지붕 아래서 이 불효자식의 고집 때문에 고생하실 어머니 생각과 배가 고파 울고 있을지도 모르는 막내 동생을 생각할 땐 나의 피곤함이 문제가 되지 않았다"(조영래, 2001, 87에서 재인용).

가족을 먹여 살리기 위해 스스로 찾아들어간 노동지옥은 전태일을 임금노동자들에게 가해지는 착취에 대해 각성하게 만든다. 어린 시다들에 대한 연민에서부터 비롯된 전태일의 문제의식은 평화시장 노동자들의 착취 문제를 해결해야겠다는 의지로 발전한다. 이제 그는 생각하기 시작한다. "마루에 앉아서 … 그 어떤 심각한 생각 속에 잠긴 그 …. 시내 중부시장, 그의 직장에서 어제 있었던 일을 다시 반성해보는 것이다. 5번 미싱사가 그 가냘픈 소망을 자기에게 이야기하던 때의 상태를"(조영래, 2001,

131-132에서 재인용). 이런 생각은 강제된 노동의 구속에 대한 자각으로 이어진다. "그는 생각한다. 그리고 환멸과, 자기 자신의 나약한 소리를 증오하면서. 인간의 둘레를 얽어매고 있는, 인간이 만든, 빠져나올 수 없는, 인간 본질의 희망을 말살시키고 있는, 모든 타율적인 구속을"(조영래, 2001, 218-219에서 재인용).

노동운동을 하기로 결심한 전태일은 노동운동에 참여했던 경험이 있는 아버지와 매일 밤 긴 대화를 나누기 시작한다. 그리고 아버지와의 대화 도중에 '우연히' 근로기준법이 있다는 것을 알게 된 그는 정가가 2,700원인 『근로기준법 해설서』를 빚을 내 산다. 매일 밤 전태일은 이 책을 읽기 시작한다. 법대생을 대상으로 만들어진 해설서를 한 번 읽고 쉽게 이해할 수는 없었다. 책에는 그가 모르는 한자들로 된 법률용어들과 개념들이 너무 많았다. 모르는 글자는 옆 동네의 나이 든 대학생에게 물어가며 읽고 또 읽었다. "태일의 근로기준법 연구는 어두침침한 작업장에서나, 털털거리며 달리는 시내버스 안에서나, 또 그의 집 골방에서나, 틈만 있으면 낮과 밤을 가리지 않고 계속되었다. 여름밤이면 모기가 달려들어 잠시도 신경을 안정시킬 수 없는 그의 방에서 책을 읽기 위하여 온몸에 모기약을 뿌려놓고 잠과 모기를 쫓으며 밤을 새웠다. 겨울이면 몇 달씩 불이 꺼진 썰렁한 냉

방에서 구멍 뚫린 나일론 이불을 머리끝까지 둘러쓰고 손을 호호 불어가며 새까맣게 손때가 묻은 근로기준법 책의 닳아진 책장을 넘겼다"(조영래, 2001, 166-167).

책의 내용을 쉽게 이해할 수 없던 전태일은 입버릇처럼 "대학생 친구가 하나 있었으면 원이 없겠다"고 말하고 다닌다. 하지만 그는 자신에게 책의 내용을 설명해 줄 대학생 친구를 만나지 못한다. 그는 단지 잠잘 시간을 아껴가며 책장이 닳아질 정도로 읽고 또 읽으면서 책의 내용을 홀로 터득해 갈 뿐이다. 1970년 11월 13일 자신의 밤 시간을 투자해 읽고 또 읽은 다 헤진 근로기준법 책을 품에 안고 전태일은 몸에 불을 당긴다. "인간인고로 빵과 시간, 자유를 갈망"하던(조영래, 2001, 212에서 재인용) 전태일은 빵을 희생해 얻은 시간 내내 읽고 배우는 자유를 주던 책과 함께 영원한 순간을 찾는다. "친구여. 나를 아는 모든 나여. 부탁이 있네. 나를, 지금 이 순간의 나를 영원히 기억해주기 바라네. 그러면 뇌성 번개가 천지를 무너뜨려도, 하늘의 바닥이 빠져도, 나는 두렵지 않을 걸세. 그 순간 무엇이 두려워야 한단 말인가? 두려워서야 될 말인가? 도리어 평온해야 될 걸세. 완전한 형태의 안정만을 요구하네. 순간, 그 순간만이 중요한 거야. 그 순간이 지나면 그 후론 거짓이 존재하지 않네. 그 후론 아주 완성된 백百일세. 그 순간은 영원히 존재하는 거니까 전후前後는 염려 없네"(조영래, 2001, 239에서 재인용).

어려운 가정환경 때문에 초등학교를 4학년 때 중퇴하고 야간학교에서 중등과정교육을 1년 정도밖에 받을 수 없었던 전태일은 19세기에 다른 삶을 꿈꿨던 프랑스의 노동자들이 그러했듯이 어려서부터 공부에 대한 강한 열망을 드러낸다. 대구에서 야간학교를 더 이상 다닐 수 없게 되자 혼자 돈을 벌어서라도 학교를 다니고 싶은 마음에 가출을 해 서울로 상경할 정도였다. 공부를 계속해 대학교에 가고 싶다는 꿈은 좌절되지만 그는 힘든 노동에 시달리는 와중에도 판잣집에서 밤에 불을 밝히고 글을 읽고 자신의 삶과 생각을 정리한 많은 양의 수기를 썼고 소설을 구상하며 초고를 집필하기도 했다. 그는 제대로 학교를 다닌 적이 없었기 때문에 선생에게 제대로 배운 것이 없었다. 그렇지만 그는 인간과 노동에 대한 깊은 지식을 바탕으로 행동을 결정하고 의견을 설파할 수 있었다. 그는 자신에게 뭔가를 가르쳐 줄 수 있는 대학생친구를 원했지만 굳이 선생의 역할을 할 친구는 필요하지 않았다. 그가 알아야 할 것은 스스로 배워 알았기 때문이다.

인간과 노동에 대해 성찰하고 자신의 생각을 만들어간 전태일이지만 그는 스스로를 '바보'라고 불렀다. 전태일이 노동운동을 위해 주위 노동자들에게 협조를 구하자 그들은 "그건 이루어질 수 없는 일이다. 뭘 안다고 너희가 그런 엄청난 일을 벌이려 하느냐?"면서 그런 일을 하는 사람은 '바보'라고 말한 적이 있기 때문이다(조영래, 2001, 152). 전태일은 처음으로 결성한 노동자들의 모임을 '바보회'라고 이름붙이며 '현명한 사람'과 '바보' 사이의 분할에 대한 조롱과 거부를 드러낸다. 지적 능력이 떨어지기 때문에 스스로 생각하거나 행동을 결정할 수 없다고 여겨지는 '바보들'이 '현명한 사람들'이 만들어 놓은 체계에 문제를 제기하고 그것을 고치기 위해 행동의 중심이 될 조직을 만든 것은 '바보'와 '현명한 사람' 사이의 차이가 없다고 선언하는 것이다.

별다른 교육을 받지 못하고 전문적 지식을 가진 선생에게서 배운 것도 없이 스스로 자신이 처한 상황을 파악하고 모순을 이해하며 해결책을 찾아낸 전태일을 보면서 우리는 자코토의 '보편적 가르침'을 떠올릴 수 있다. 사람들은 초등학교도 제대로 졸업하지 못한 전태일이 근로기준법 책을 읽고 노동운동을 조직했다는 사실에 매우 놀라워한다. 그것은 자코토가 프랑스어를 전혀 모르는 네덜란드 학생들이 『텔레마코스의 모험』을 읽고 프랑스어를 말하고 쓸 수 있게 된 것을 보고 놀라워한 것과 비슷하다. 하지만 그것은 놀라운 일이 아니다. 네덜란드 학생들과 전태일의 지적 능력이 동등하기 때문에 일어난 자연스러운 일이다. 네덜란드 학생들에게 프랑스어를 배워야 할 필요와 『텔레마코스의 모험』을 암기하도록 한 자코토가 있었다면 전태일에게는 "재단사요, 난 이제 바보가 되나 봐요. 사흘 밤이나 주사 맞고 일했더니 이젠 눈이 침침해서 아무리 보려고 애써도 보이지도 않고 손이 마음대로 펴지지가 않아요"라고 말하며 울음을 터뜨리는 어린 시다(조영래, 2001, 131)와 "불행한 가족들의 가난한 살림살이를 돕기 위하여 혹은 어린 동생들의 학비를 대기 위하여, 남들이 한창 까불고 뛰놀고 배우고 할 나이 때부터 잠 한번 푹 못 자고 주린 창자 한번 양껏 채우지 못한 채 어두운 뒷골목에서 연약한 허리가 꺾어지도록 일만 해"오다가 "그동안 번 돈보다 더 많은 돈을 들이더라도 고치기 어려운 병만 얻고 거리로 쫓겨"난 여공이 있다(조영래, 2001, 132-133). 그들이 전태일로 하여금 근로기준법 책을 찾아 읽도록 만든 것이다. 네덜란드 학생들의 『텔레마코스의 모험』에는 프랑스어와 네덜란드어 번역문이 실려 있었다면 전태일에게는 근로기준법 책의 한자들을 해석해준 옆 동네 나이 많은 대학생이 있다. 네덜란드 학생들이 자신이 알고 있는 네덜란드어의 지식을 프랑스어의 지식에 연결시켰다면 전태일은 평화시장 노동자의 현실에 대한 지식을 근로기준법의 지식에 연결시킨다.

 "모든 사람은 동등한 지적 능력을 갖고 있다," "누구나 자신이 알지 못하는 것을 가르칠 수 있다," "모든 것은 모든 것 안에 있다," '보편적 가르침'의 이 세 가지 원리는 전태일의 삶에서도 발견된다. 자코토에 따르면, 배운다는 것은 무식의 상태에서 유식의 상태로 가는 과정이 아니다. 가르친다는 것은 유식한 사람이 무식한 사람에게 자신의 지식을 전수하는 과정이 아니다. 배운다는 것은 하나의 지식을 다른 지식과 연결하는 과정이다. 따라서 배우기 위해서는 배우는 사람이 이미 어떤 지식을 갖고 있어야 한다. 전태일이 근로기준법 책을 읽으면서 옆 동네 대학생에게 한자어를 배운 것은 전태일의 지식과 대학생의 지식이 만나는 과정이라고 할 수 있다. 가르침과 배움은 지식이 없는 곳에 지식을 퍼 담는 과정이 아니라 두 개의 지식이 서로 만나는 일종의 번역의 과정이라고 할 수 있다. 그렇기에 『텔레마코스의 모험』이 자코토에게 최상의 교재가 될 수 있었던 것은 그것이 번역서의 형태를 띠고 있었기 때문이라고 할 수 있다. 자코토와 네덜란드의 학생들, 전태일과 옆 동네 대학생, 이들이 실천한 교육은 동일한 지적 능력을 바탕으로 서로의 지식을 번역하는 작업이었다.

　자코토에게 있어서 가르침과 배움이란 동등한 지적 능력을 가진 사람들이 만나 하나의 지식을 다른 지식과 연결시키는 과정이다. 유식한 선생이 무식한 학생에게 일방적인 설명을 통해 지식을 전달하는 것은 억압적일 뿐만 아니라 효과적이지도 않다. 교육의 효과가 있으려면 무엇보다도 우선 학생이 배우고자 해야 한다. 전통적인 교육자들은 학생이 배우려고 하지 않는 이유를 학생의 게으름이나 낮은 지능, 가정환경 등에서 찾는다. 하지만 자코토가 보기에 학생이 배우고자 하지 않는 것은 그가 필요를 느끼지 못하기 때문이다. 학생이 알지 못하는 것은 그가 알 필요를 느끼지 않는 것이다. 그가 알 필요가 있는 것이라면 그는 이미 그것을 알 것이며 알지 못한다면 알려 할 것이다. 노동자가 배우려 하지 않는다면 그것은 사회가 노동자에게 배우는 것이 쓸모없는 것이라고 인식하도록 만들기 때문이다. 사회는 노동자에게 그의 사회적 지위에 적합한 알아야 될 것들을 정해 주고 그 외의 것들은 불필요한 것으로 인식하게 만든다. 노동자가 철학책을 읽거나 클래식 음악을 듣거나 현대미술작품을 감상하는 것은 불필요하다. 왜냐하면 그의 사회적 지위에 맞지 않는 활동이기 때문이다. 노동자는 불필요하다고 느끼니까 배우지 않고 그것들을 자신의 지적 능력으로는 이해할 수 없는 것이라고 치부한다. 철학책, 클래식음악, 현대미술작품을 이해할 수 없는 노동자는 지적 능력이 낮은 것으로 그것들을 이해하고 즐기는 부르주아지는 지적 능력이 높은 것으로 간주된다. 이렇게 해서 우리는 마치 원래부터 사람들 사이에 지적 능력의 불평등이 존재하는 것처럼 생각하고 행동하게 된다.

하지만 전태일은 원래부터 사람들은 불평등한 것이라는 생각을 거부한다. "종교는 만인이 다 평등합니다. 법률도 만인이 다 평등합니다. 왜 가장 청순하고 때 묻지 않은 어린 소녀들이 때 묻고 더러운 부한 자의 거름이 되어야 합니까? 사회의 현실입니까? 빈부의 법칙입니까?"(조영래, 2001, 212에서 재인용). 전태일은 사회가 자신에게 할당한 자리에 허용된 생각만을 하는 것을 거부하고 평화시장의 노동자들이 노예처럼 살아가야 하는 이유와 그 상황에서 벗어날 수 있는 방법을 알고자 한다. 그것을 알고자 하는 전태일의 의지가 근로기준법 책을 발견하는 '우연'을 만들어낸다. 그리고 그 '우연'을 통해 전태일은 이전까지의 지적 모험을 또 하나의 지적 모험과 연결시켜 나간다. 다리미질을 하면서도 영어 단어를 외우고 코피를 쏟아가면서 야간학교에 다니던 그는 이제 몸에 모기약을 뿌리고 손을 호호 불어가며 근로

기준법 책을 읽는다. 선생 없이도 혼자 배우는 '보편적 가르침'
이 전태일의 알고자 하는 의지에 의해 구현된 것이다. "사람은
배우고자 할 때 자기 자신의 욕망의 긴장이나 상황의 강제 덕분
에 설명해 주는 스승 없이도 혼자 배울 수 있"(Rancière, 1987/2008,
29)기 때문이다.

2. 진보의 논리

랑시에르가 자코토를 발견한 것은 19세기 노동자들의 글들
을 읽을 때였다. 1830년대에 아이들을 자코토에게 보내 글을 배
우게 하는 노동자들과 자코토의 방법을 이용해 집에서 자식에
게 글을 가르치는 일자무식 어머니의 모습을 접하면서 자코토
에게 관심을 가진 랑시에르가 『무지한 스승』에서 자코토의 생각
을 집중적으로 재해석하게 된 것은 1980년대 프랑스 사회에서
교육에 대한 논쟁이 있었기 때문이다. 그는 이 논쟁이 교육에
내재된 본질적인 불평등의 문제를 외면한 채 방법의 문제에만
매달리는 것을 보고 전혀 다른 관점에서 교육에 접근해 보고자
한다.

한쪽 편에는 부르디외가 있다. 부르디외는 파스롱과 함께

1960년대부터 교육과 계급의 문제를 연구했다. 그들은 1964년 『상속자들』과 1970년『재생산』에서 학교 교육과 계급 사이의 관계를 분석한다. 그들은 학생의 성적과 전공, 취미활동 등이 부모의 사회적 지위, 경제적 상황 등과 높은 상관관계가 있음을 밝힘으로써 학교가 학생들이 원래 갖고 있는 불평등한 차이를 줄이는 역할을 하기는커녕 오히려 그 차이를 재생산해내고 있다고 주장한다. 공화국 정신에 따르면 학교는 학생들이 가진 차이에 상관없이 모두에게 동일하고 평등한 교육을 실시함으로써 모두에게 동등한 사회진출의 기회를 제공하는 기구로 여겨진다. 학교에서 모든 학생은 동일한 환경에서 동일한 교재와 동일한 교과과정에 따라 동일한 지식을 갖춘 선생에게서 동일한 내용의 지식을 배운다. 이와 같은 평등의 조건은 학생들의 사회적 불평등이 사회적 기회의 불평등으로 이어지는 것을 막는다. 학생이 가진 가정환경의 차이가 아니라 오직 개인적 능력의 차이만이 학생들의 성공 여부에 영향을 미치도록 하는 것이 공화국 교육의 이상인 것이다. 하지만 이 공화국 교육의 이상은 결코 이뤄질 수 없다. 왜냐하면 부르디외와 파스롱에 의하면 학생의 개인적 능력의 차이란 것 자체가 가정환경의 차이에서 만들어지기 때문이다. 개인적 능력이란 것은 사회적, 경제적, 문화적 자본이 내면화된 결과물이다. 고등교육을 받은 의사나 교수를 부모로 둔 아이들은 어렸을 때부터 고등교육에 적합한 언어와 생각을 자신의 것으로 만들며 성장하며 고등교육을 받아야 하는 동기를 부여받는다. 그들은 고등교육을 받는 것이 마치 자신에게 맞는 옷을 입는 것처럼 자연스럽다. 반면 하층계급의 아이들은 고등교육에 필요한 다양한 사회적, 문화적 경험을 하지 못하기 때문에 고등교육을 위한 동기를 부여받지 못할 뿐만 아니라 고등교육과정에도 잘 적응하지 못한다. 이처럼 사회적 이유로 발생한 차이를 아이들은 개인적 능력이나 적성의 차이로 이해하면서 부모의 계급적 지위를 대물림한다. 학교는 이런 사회적 불평등을 전혀 제거하는 기능을 하지 못하며 오히려 불평등을 재생산하는 기능을 한다.

랑시에르는 부르디외와 파스롱의 주장에서 두 가지의 상반된 논리를 발견한다(Rancière, 2004). 학교는 평등한 교육을 한다고 하면서 사실은 불평등을 재생산하고 있다. 그 이유는 무엇인가? 『상속자들』에서 부르디외와 파스롱은 그 이유를 사람들이 불평등이 재생산되는 규칙을 알지 못하는 것에서 찾는다. 학생들의 개인적 능력의 차이라고 알려진 것이 사실은 사회적 계급의 차이라는 것을 알지 못하고 그런 사회적 차이들이 어떻게 학생들이 공부를 하고 진로를 결정하는 데 영향을 미치는지를 알지 못하는 것이 문제이다. 학교를 통한 사회계급의 재생산 메커니즘은 부르디외와 파스롱 같은 사회학자들의 연구를 통해 밝혀진다. 따라서 학교 관계자들이 사회학자들의 분석을 통해 밝혀진 재생산의 구조를 배우게 되면 학교교육이 불평등을 재생산하는 문제는 개선될 수 있다는 것이 『상속자들』의 결론이다. 한편 『재생산』에서는 동일한 문제에 대해 다른 결론을 내린다. 학교관계자들이 학교가 불평등을 재생산하는 기구라는 사실을 알지 못하는 것은 그들이 이미 불평등을 재생산하는 구조를 내면화하고 있기 때문이다. 그들은 이미 학교와 교육이라는 장 속에서 특정한 위치를 차지하고 있는 인자들로서 그 장의 작동 논리를 내면화하고 있다. 그들은 학교와 교육이라는 장이 갖는 구조에서 벗어나 스스로 자유롭게 생각하고 행동한다고 생각하는 바로 그 순간에도 사실은 장의 구조를 작동시키는 객관적 힘에 의해 움직인다. 그렇기 때문에 학교가 불평등을 재생산하는 구조는 사실상 영속적인 것이라고 할 수 있다. 한편에서는 객관적 지식의 도움을 받아 학교를 통해 일어난 불평등의 재생산을 개선할 수 있다고 하면서 다른 한편에서는 불평등의 재생산은 영속적인 구조의 문제라고 주장하는 것은 랑시에르가 보기에 진보주의progressisme의 논리이다. 다시 말해 그것은 불평등을 감소시키는 작업을 통해 불평등을 재생산하는 논리이다.

1981년 프랑스 사회당이 정권을 차지하고서 부르디외와 파스롱의 주장에 근거해 학교교육을 바꾼다. 사회당 정부는 학교가 사회적 불평등의 재생산 기구로 기능하는 것을 막고자 한다. 그들의 교육정책은 학교에서의 불평등을 감소시키는 것에 초점을 맞춘다. 우선 상층계급의 아이들에게 유리할 수 있는 고급 문화 예술에 대한 교육을 줄이고 전문적인 지식 교육보다는 친화적인 교육에 중점을 둔다. 이를 통해 하층계급이나 사회적 소외계급의 아이들이 손쉽게 학교생활에 적응하고 교육을 따라갈 수 있도록 한 것이다. 하지만 이것은 다른 관점에서 보면 하층계급이나 소외계층의 아이들에게 그들이 이해할 수 있는 지식과 필요한 정보만을 제공해 주면서 그들의 사회적 위치를 뛰어넘는 지식에 대한 접근을 제한하는 결과를 낳는다. 다시 말해 평등이란 이름으로 불평등을 강화하는 것이다.

이런 비판 속에서 사회당의 교육정책은 격한 논쟁에 휩싸인다. 학교 개혁에 대한 논쟁 속에서 1984년 밀네르Jean-Claude Milner는 『학교에 대해De l'Ecole』를 출판하고 학교와 교육의 공화주의적 가치를 옹호한다. 밀네르에 따르면 학교는 무엇보다도 우선 지식을 전수하는 장소이다. 따라서 가르치는 선생과 배우는 학생 사이의 수직적 관계가 확고히 성립되어야 한다. 학교에서 평등한 것이 있다면 그것은 권리의 평등뿐이다. 학교에서 가르치는 지식은 추상적 지식이어야 한다. 왜냐하면 추상적 지식은 가장 효과적으로 사회적 변화에 적응할 수 있도록 만드는 다른 구체적 지식들을 만들어내기 때문이다. 이 추상적 지식을 기반으로 학교가 운영되어야만 지식을 소유한 선생과 그렇지 못한 학생 사이의 구분과 위계가 분명해지며 교육을 이끄는 지식인의 지위를 보장할 수 있다. 추상적 지식을 전수하는 학교를 통해 공화국의 가치와 역사에 대한 교육이 이뤄질 때 민주주의는 더욱 굳건해진다.

공화주의적 관점에서 본다면 학교는 모든 학생들에게 동일한 지식을 동등하게 가르칠 때 평등을 구현할 수 있다. 학교는 사회와는 분리된 고립된 기구로서 아이들은 사회적 출신에 상관없이 동등한 대우를 받으며 동등한 지식을 배우고 동등한 시험을 치르며 동등하게 상급학교에 진학할 기회를 부여받는다. 하지만 공화주의적 관점은 학교를 사회와 분리된 기구로 이해하기 때문에 학교에서 가르치는 지식이 사회적 불평등을 생산하거나 유지하는 과정에서 어떻게 기능하는지에 대해서는 고려하지 않는다. 학교는 단지 지식을 전수하는 장소일 뿐이기 때문이다.

랑시에르가 보기에 학교를 사회와 무관하게 단지 지식을 전달하는 중립적 기구로 보는 전통적 관점과 사회 구조가 반영되는 불평등한 기구로 보는 비판적 관점은 모두 불평등을 출발점으로 보고 평등을 달성할 목표로 본다는 점에서는 동일한 입장을 보여준다. 두 관점은 모두 학교교육을 통해 사회적 평등을 실현하거나 그것이 불가능하다면 최소한 불평등을 줄여야 한다고 생각한다. 비판적 관점의 지지자들은 학교가 사회적 불평등을 재생산하고 있기 때문에 학교개혁을 통해 문제를 해결해야 한다고 주장한다. 반면 전통적 관점의 지지자들은 비판적인 학교개혁 자체가 오히려 불평등의 문제를 만들어내고 있으며 추상적 지식의 보편적인 전수를 통해 평등을 실현해야 한다고 주장한다.

불평등한 상태에서 교육을 통해 평등으로 나아간다는 생각은 '진보'의 생각이다. 이것은 근대가 만들어낸 생각이다. 랑시에르는 이 생각이 프랑스 대혁명 이후 사회를 재구성하는 과정에서 학교를 통해 구현된다고 본다(Rancière, 2004). 신과 국왕이란 초월적 존재에 의해 지배되던 사회에서 사회 안에 내재된 이성을 바탕으로 조직되는 사회로 이행하면서 불평등이란 것이 이제는 더 이상 신이나 국왕과 같은 초월적 존재에 의해 주어질 수 없게 된다. 불평등은 이제 외부에서 주어지는 것이 아니라 내재하는 것으로 이해된다. 자연적인 불평등이 존재한다. 하지만 이 불평등은 이성을 바탕으로 조직되는 사회의 경제, 정치, 종교 활동을 통해 극복되어 평등의 상태로 나아가야 하는 것으로 이해된다. 평등을 목표로 하는 불평등한 사회가 만들어진 것이다. 이 사회가 유지되기 위해서는 인민의 교육이 필수적이다. 인민의 교육은 두 가지 방향으로 이뤄진다. 하나는 사회에서 사용될 수 있는 구체적이고 유용한 지식을 개발해 인민에게 전수함으로써 인민이 자신의 생활조건과 상황을 개선시키도록 하는 것이다. 다른 하나는 인민이 적절한 방식으로 예술을 즐기고 공동체 문화를 형성할 수 있도록 미적 교육을 하는 것이다. 이렇게 인민을 교육하는 이유는 크게 세 가지가 있다. 하나는 인민을 과거의 가치나 믿음에서 벗어나게 함으로써 경제 발전에 참가하게 하고 지배계급에 대한 악감정을 갖지 않도록 하는 것이고 다른 하나는 지배계급과 인민이 최소한의 공동의 가치와 믿음들을 공유하게 함으로써 사회적 응집력을 유지하도록 하는 것이다. 마지막 하나는 최소한의 사회적 이동을 가능하게 함으로써 사회가 개선된다는 믿음을 심어주고 아주 뛰어난 능력을 가진 사람들이 지배계급으로 신분상승할 수 있도록 함으로써 지배계급의 쇄신을 가능하게 하는 것이다. 이렇게 사회의 기존 질서는 깨지 않으면서 일정한 수준의 개선이 진행되도록 함으로써 불평등이 안정되게 유지된다. 이것은 평등이라는 허상 속에 불평등을 감추는 것이 아니다. 다시 말해 불평등한 상황을 거짓으로 평등하다고 속이는 것이 아니다. 오히려 불평등을 평등이란 이름으로 드러내 놓는 것이다. 불평등은 평등을 보이게 만들면서 재생산된다. 랑시에르는 이것을 불평등의 평등화라고 부른다. 이것이 '진보'이다.

프랑스 대혁명을 통해 태어난 사회는 과거의 고착된 사회질서에 맞서 점진적으로 진보하는 사회질서를 내세운다. 학교는 바로 이런 진보를 이뤄낼 수 있는 수단이자 진보 자체를 구현하는 모델이다. 학교는 아는 자와 알지 못하는 자 사이의 불평등을 기반으로 세워진다. 아는 자는 알지 못하는 자에게 그가 알지 못하는 것을 가르쳐 줌으로써 불평등을 줄여나간다. 모르는 자는 교육의 끝에는 아는 자와의 평등이 기다리고 있을 것이라 생각한다. 그러나 학교교육은 아는 자만이 아는 방식으로 가르치는 것이다. 다시 말해 아는 자는 누가 무엇을 얼마만큼 배워야 하는지를 안다. 모르는 자는 당연히 그것을 알지 못한다. 따라서 아는 자와 모르는 자 사이의 지식의 전수는 제한적이며 아는 자와 모르는 자 사이에는 항상 차이가 존재한다. 아는 자와 모르는 자 사이의 평등은 끝없이 뒤로 미뤄지는 것이다.

하층계급의 학생들에게 적합한 내용의 교육을 하는 것이나 동일한 추상적 지식을 모든 학생에게 동등하게 교육하는 것이나 모두 아는 자와 모르는 자 사이의 불평등을 기반으로 아는 자가 모르는 자의 수준과 필요를 정하고 그것에 맞춰 모르는 자에게 일정한 정도의 지식을 전수하면서 불평등의 관계를 항구적으로 유지한다는 점에서는 동일하다. 이 체계에서는 모르는 자는 항상 자기보다 더 많이 아는 자에게서 교육을 받아야 할 필요를 갖는다. 학생은 상급학교로 진학할수록 아는 것만큼이나 모르는 것이 점점 더 많아지고 아는 자로 군림하는 선생은 또 다른 아는 자에게 정기적으로 재교육을 받아야 한다. 이렇기 때문에 전통적 교육이든, 비판적 교육이든, 교육에서 아는 자와 모르는 자 사이의 평등은 결코 도달될 수 없다.

이 불평등의 평등화 논리에서 벗어날 수 있는 방법은 무엇인가? 랑시에르는 자코토가 제안한 보편적 가르침의 방법이라면 이 논리에서 벗어날 수 있다고 믿는다.

3. 『무지한 스승』 읽기

"1818년에 루뱅 대학 불문학 담당 외국인 강사가 된 조제프 자코토는 어떤 지적 모험을 했다"(Rancière, 1987/2008, 8). 『무지한 스승』은 이렇게 시작된다. 자코토는 이 지적 모험에서 아주 단순하지만 일반적인 생각과는 완전히 반대되는 것을 깨닫는다. 그것은 교육에서 중요한 것은 할 수 있느냐의 문제가 아니라 하려고 하느냐의 문제라는 것, 하려고 하는 학생에게 있어서 설명하는 선생은 필요가 없다는 것, 왜냐히면 모든 사람은 다른 사람이 이미 하고 이해한 것을 이해할 수 있는 능력을 갖고 있기 때문이라는 것이다.

교육을 설명하는 선생과 모르는 학생 사이의 관계로 바라보는 것은 몇 가지 문제를 낳는다. 학생이 어떤 것을 모른다. 선생은 그것을 설명한다. 선생이 설명한 것을 학생이 모른다면 그 설명에 대해 다른 설명을 해야 할 것이다. 이렇게 해서 논리적으로는 어떤 것에 대한 설명의 설명의 설명의 설명 …이라는 방식으로 무한히 계속되는 설명이 있을 수 있다. 학생이 뭔가를 이해할 수 있도록 하기 위해서 어떤 단계의 설명에서 시작하고 멈춰야 할 것인가는 선생이 결정할 문제이다. 왜냐하면 학생은 자신이 모르는 것에 대해 설명을 듣기 때문에 설명을 듣고 자신이 그것을 알게 됐는지도 알 수 있는 능력이 없기 때문이다. 학생이 어떤 것을 정확히 이해했는지를 알 수 있는 사람은 선생뿐이다. 선생은 어떤 단계의 설명에서 멈춰야 할지를 알고 있다. 다시 말해 선생은 알아야 할 것과 그것을 알고자 하는 사람 사이의 거리를 측정할 수 있는 것이다. 이 거리는 선생이 설명하는 말을 통해 제거된다.

이처럼 선생에 의해 거리가 측정되고 그 거리가 선생이 설명하는 말을 통해 없어진다는 것은 기본적으로 학생은 혼자서는 이해할 수 없다는 것을 전제한다. 학생은 혼자서는 이해할 수 없다. 선생이 설명을 통해 가장 간단한 것에서 가장 복잡한 것까지 학생을 단계적으로 잘 이끌어줄 때 비로소 학생은 온전한 이해에 도달할 수 있다. 자코토의 지적 모험은 바로 교육에 대한 이런 생각을 신화이자 허구로 만들어버린다. 선생은 알아야 할 것과 그것을 알고자 하는 사람 사이의 거리를 설정하고 설명을 통해서만 그 거리를 줄일 수 있다고 말함으로써 학생을 혼자서는 알 수 없는 무능력자로 상정한다. 하지만 선생이 설명을 위해 사용하는 말 자체를 이미 학생이 어떤 설명의 도움도 없이 완벽히 알고 있다는 것을 생각해 보면 학생을 혼자서는 배울 수 없는 무능력자로 상정하는 것은 근거를 잃는다.

　아이는 말을 배울 때 관찰하고 기억하고 되풀이하고 검증하고 다른 것과 연관시키고 직접 말을 해보고 사용한 말에 대해 반성하면서 어떤 설명 없이 완전하게 하나의 언어를 알게 된다. 따라서 안다는 것, 이해한다는 것은 아는 단어들을 모르는 단어들과 연결시키면서 생각하는 법을 배우는 것이다. 『텔레마코스의 모험』은 바로 학생들이 알고 있는 네덜란드어와 모르는 프랑스어를 나란히 제시하고서 학생들이 그 둘을 스스로 연결시킬 수 있도록 한다. 학생들은 모국어를 배울 때 했던 방식대로 관찰하고 기억하고 되풀이하고 검증하고 다른 것과 연관시키고 직접 말을 해보고 사용한 말에 대해 반성하면서 스스로 프랑스어를 이해하게 된 것이다. 아이가 모국어를 스스로 이해할 수 있는 것은 단어 안에 아이가 전혀 알 수 없는 숨겨진 어떤 비밀이 있어 선생이 그것에 대해 설명을 해줘야 하는 것이 아니기 때문이다. 단어 안에는 숨겨진 단어가 없다. 언어의 숨겨진 진리가 있어서 그 진리에 대해 설명해 주는 언어가 필요한 것이 아니다(Rancière, 1987/2008, 55). 아이는 그저 자신이 만나는 단어를 그 자체로 이해하면 되는 것이다. 그리고 모든 아이는 그렇게 이해할 수 있는 동등한 지적 능력을 갖고 있다. 아이가 말을 배울 때 설명을 해주지 않으면 아이가 말을 배우지 못할까봐 걱정하는 부모는 없다. 모든 부모는 말을 배우는 데 있어서 아이의 지적 능력이 자율적으로 행사될 것이라는 것을 의심하지 않는다. 부모의 지식이나 지적 능력이 아이가 말을 배우도록 하지는 않는다. 아이가 말을 배우기를 바라는 부모의 의지와 바람이 아이의 의지와 바람과 만나면서 아이는 스스로 말을 배운다. 부모는 아이에게 계속해서 단어를 되풀이해 말하면서 아이가 말을 배우기를 바라는 의지를 실천한다. 아이는 그 단어를 계속 주의 깊게 듣고 따라 하면서 말을 배우겠다는 의지를 실천한다. 아이는 "나는 할 수 없어요," "모르겠어요"라는 말을 하지 않는다. 부모는 아이가 그렇게 포기하는 것을 원하지 않는다. 결국 아이는 스스로 말을 깨친다.

 아이가 모국어를 배우는 것이나 네덜란드 사람이 프랑스어를 배우는 것은 동일하다. 아이는 부모의 말을 들으면서 그것이 어떤 의미를 갖는지를 암기하고 반복하고 다른 것과 비교하면서 스스로 알아낸다. 네덜란드 사람도 프랑스어의 의미를 알기 위해 암기하고 반복하고 다른 것과 비교한다. 결국 말을 배운다는 것은 자신이 갖고 있는 자원을 모두 동원해 말의 의미를 스스로 발견하는 것이다. 그렇기 때문에 "모든 말은 하나의 번역"이라고 할 수 있다. 말을 자신의 자원을 통해 번역하는 것은 "들린 소리나 쓰인 흔적의 가능한 원인들을 발명하는 가운데에서만 의미를 획득한다." 다시 말해 말을 배우는 과정에서 나는 자신과 동등한 "이성적 동물이 나에게 말하려는 것이 무엇인지 알기 위해 모든 지표에 매달려 짐작하려는 의지"를 갖는다(Rancière, 1987/2008, 127). 나와 동등한 인간이 말하는 것, 만든 것, 행하는 것을 알기 위해 나의 자원으로, 나의 언어로 그것을 번역하는 것, 그리고 번역하겠다는 의지를 갖도록 하는 것, 이것이 자코토의 '보편적 가르침'의 방법이다.

'보편적 가르침'이 가능하기 위해서 자코토는 인간은 모든 것을 이해할 수 있는 충분한 지적 능력과 의지를 가졌다고 상정한다. 왜냐하면 "지능은 관념들의 조합이기에 앞서 주의이자 탐구"이고 "의지는 선택하는 심급이기에 앞서 스스로 움직이고자 하는 역량, 자신의 고유한 움직임에 따라 행동하고자 하는 역량"이기 때문이다(Rancière, 1987/2008, 109). 따라서 지능과 의지는 사람들 사이의 차이를 드러내는 것이 아니라 인간을 다른 동물과 구분 짓는 특성이다. 인간이 다른 동물이 하지 않는 것들을 하는 것은 "인간은 지능의 시중을 받는 의지"(Rancière, 1987/2008, 104)이기 때문이다. 인간인 한 모든 인간은 동등한 지적 능력을 갖는다. 다만 각자가 가진 의지의 차이에 따라 지적 능력을 사용한 결과에 차이가 있는 것이다.

사람들 사이의 지적 능력에 차이가 있는 것이 아니라 의지의 유무에 따라 지적 능력이 발현되는 결과가 달라진다고 믿는다면 교육에 있어서 선생의 역할은 학생이 이미 가진 지적 능력과 의지가 발현되도록 돕는 것이라는 것을 받아들일 수 있다. 교육이 어떤 것에 대해 설명하는 것이 아니라 지적 능력이 발현되도록 돕는 것이라면 선생은 자신이 모르는 것을 가르칠 수 있다. 가르침과 배움은 두 사람의 동등한 지적 능력과 의지가 서로 만나는 과정이기 때문이다. 이것이 해방이다. 그것은 "모든 보통 사람이 자신이 인간적으로 존엄함을 파악하고, 자신의 지적 능력의 진가를 알아보며, 그 능력을 쓰기로 결정할 수 있어야" 하는 것이다(Rancière, 1987/2008, 39). 그것은 "인간의 기술이 들어간 모든 작품은 동일한 지적 잠재성이 실행된 결과임을 인정하는 것"이다(Rancière, 1987/2008, 79). 다시 말해 모든 인간의 지적 능력은 평등하다는 것을 인정하는 것이다. 모든 사람의 지적 능력은 평등하다. 불평등한 것은 지적 능력이 발현된 결과이다. 다시 말해 "새로운 관계를 발견하고 조합하기 위해 의지가 지능에 전달하는 에너지가 더 크냐 작으냐" 하는 것이 불평등한 것이다

(Rancière, 1987/2008, 61).

　모든 사람의 지적 능력을 평등한 것으로 인정하면 사람들은 그 지적 능력으로 할 수 있는 일이 무엇일까에 대해 생각하기 시작한다(Rancière, 1987/2008, 83). 그들은 해방된 것이다. 반면에 지적 능력이 불평등하고 그 불평등한 지적 능력에 따라 자신의 사회적 위치와 직업이 결정됐다고 생각하는 사람은 자신에게 할당된 일 외에 다른 것은 하지 않으려 한다. 그는 말한다. "나는 그것을 할 수 없어요." 이 말은 사실 "나는 그것을 하기 싫어요. 그것은 내가 할 일이 아니에요"라는 말이다. 다시 말해 능력의 부재가 아니라 의지의 부재가 원인이다. 용접공에게 철학 논문을 쓰라고 한다면 그렇게 말할 것이며 철학교수에게 용접을 하라고 한다면 역시 똑같은 말을 할 것이다. 그들은 모두 사회 질서에 의해 정해진 자리에 안주하는 일밖에는 할 줄 모른다. 사람들이 사회질서가 정한 자리에 안주하지 않도록 하는 것, 그것이 해방된 자를 만드는 일이다. "그래, 나도 용접공이다," "그래, 나도 철학자이다," "그래, 나도 화가다"라고 외칠 수 있도록 하는 것이다. 얼마나 뛰어난 기술을 가진 용접공이 되느냐 하는 것은 중요하지 않다. 용접공이 될 수 있다고 생각하는 것, 즉 자신이 아닌 다른 사람이 될 수 있다고 생각하는 것이 중요하다.

지적 능력이 불평등하다고 믿는 사람은 자신과 남을 바보로 만드는 사람이다. 왜냐하면 그는 스스로 무엇을 해야 할지를 알지 못하고 남 또한 스스로 무엇을 해야 할지 모르게 만들기 때문이다. 하지만 그는 자신이 남보다 우월하다고 생각한다. 철학자는 용접공보다 자신이 우월하다고 생각하고 대기업의 용접공은 하청업체의 용접공보다 자신이 우월하다고 생각한다. 서울의 학생은 지방의 학생보다 자신이 우월하다고 생각하고 정치인은 대중보다 자신이 우월하다고 생각한다. 사람들은 자신의 우월함을 과시하기 위해 자신이 아는 지식을 남에게 설명하면서 기쁨을 느낀다. 그 설명은 열등한 자를 설명자와 동등한 위치로 끌어올리기 위해 사용되는 것이 아니라 그가 자신을 무능하다고 느끼고 자신의 위치에 머무르도록 하기 위해 사용된다. 우월한 자는 열등한 자를 항상 자신의 말을 이해하지 못하는 열등한 위치에 두고 싶어 한다. 하지만 우월한 자의 말을 이해하지 못하는 열등한 자는 우월한 자가 우월하다는 것도 알지 못한다. 우월한 자가 자신의 우월성을 인정받으려면 자신의 말을 이해할 수 있는 동등한 지적 능력을 가진 사람을 필요로 한다. 하지만 그런 사람과 함께 있는 순간 그의 우월성은 사라진다. 스스로 우월하다고 믿는 정치인이 그의 우월한 지위를 유지하기 위해서는 열등한 대중과 소통해야 한다. 대중이 열등해서 그의 말을 알아듣지 못한다면 그는 정치인의 지위를 유지할 수 없고 대중이 그의 말을 알아듣는다면 대중은 그와 동등한 지적 능력을 갖고 있는 것이다. 정치인은 우월한 지위를 유지하기 위해 자신보다 열등하다고 생각하는 대중에게 복종할 수밖에 없다. "우월한 열등자들의 역설"(Rancière, 1987/2008, 167)이라고 부를 수 있는 이런 일이 존재하는 것은 우월한 자와 열등한 자를 나누는 사회질서가 인위적인 것이기 때문이다. 사회에서 우월함은 지배를 정당화하는 근거로 사용된다. 하지만 우월하기 때문에 지배한다라고 말하는 사람들은 곧 자신의 논리를 부정하는 상황에 빠진다. 지배자가 지배력을 잃을 경우 그는 단숨에 우월한 자에서 열등한 자가 되는 상황에 직면하기 때문이다. 우월함을 타고나는 사람은 없다.

설명한다는 것은 우월한 자와 열등한 자 사이의 불평등을 전제로 하는 것이다. 선생은 학생이 열등하다고 믿기에 학생에게 설명을 통해 지식을 전수하려고 한다. 학생은 설명을 통해 지식을 전수받지만 그 자신을 항상 선생보다 열등한 존재라고 생각하면서 스스로 알려고 하기보다는 선생의 설명만을 원하는 바보가 된다. 설명은 하나의 지능과 의지가 다른 지능과 의지에 종속된다는 것을 전제하기 때문에 사람들을 바보로 만드는 도구가 된다. 사람들 사이의 불평등이 존재한다고 믿는다면 아무리 많은 지식을 갖는다 하더라도 자기에게 할당된 자리 밖으로는 나갈 수 없다는 점에서 바보가 되는 것이다. 이런 의미에서 불평등에 대한 믿음에 기반을 둔 설명은 단지 바보 만들기의 수단만이 아니라 사회질서의 관계 자체이기도 하다(Rancière, 1987/2008, 222). 왜냐하면 모든 인간 사회는 어떤 형태나 질서를 가져야만 안정될 수 있는데, 이 질서가 유지되기 위해서는 이 질서가 최고이며 최상이라고 항상 설명되어야 하기 때문이다. 따라서 불평등은 설명되어야 한다. 그리고 사회제도는 이런 사회질서를 구체적인 형태로 설명하는 것이며 불평등을 드러내는 것이다. 그렇기 때문에 이런 사회 안에서 설명을 거부하고 평등을 전제조건으로 삼는 '보편적 가르침'은 수용될 수 없다(Rancière, 1987/2008, 200-201). 따라서 '보편적 가르침'은 사회적 차원이 아니라 개인적 차원에서만 실행될 수 있다. 자코토의 이러한 판단을 확인한 랑시에르가 이제 당면한 문제는 '보편적 가르침'에 대한 사회적 금지를 어떻게 극복하고 평등이란 전제를 가진 사회적, 정치적 형태에 도달할 것인가 하는 것이다.

'보편적 가르침'은 개인들 사이의 지능과 의지가 만나 개인에

게 자신이 모든 것을 스스로 할 수 있는 이성적 존재라는 것을
깨닫게 해주는 작업이다. 그렇기 때문에 '보편적 가르침'은 개인
적인 차원에서만 가능하다. 사회에 필요한 유능한 전문 인력을
양성하기 위해 '보편적 가르침'을 실천할 전문가 집단이나 제도
를 만드는 것은 궁극적으로 실패할 운명에 처해 있다. 왜냐하면
'보편적 가르침'은 주어진 사회질서와 분할된 범주를 뛰어넘는
해방된 개인을 만드는 방법이지 사회질서와 범주에 적합한 인
재를 양성하는 방법이 아니기 때문이다. 따라서 '보편적 가르침'
을 사회적 목적을 위한 제도 속에 편입시키는 것은 '보편적 가르
침'의 원리와 목적에 모순되는 일이라고 할 수 있다. 사실 "해방
하는 방식은 하나뿐이다. 그리고 어떤 당도, 어떤 정부도, 어떤
군대도, 어떤 학교도, 어떤 제도도 단 한 사람도 해방하지 못할
것이다"(Rancière, 1987/2008, 195).

하지만 진보론자들은 '보편적 가르침'에서 진보를 위한 교육
방법을 발견했다고 믿는다. 많은 진보론자들이 자코토에게서
'보편적 가르침'을 배우고 사회를 진보시키고 인민들을 지도하
기 위해 그것을 사용하고자 했다. 문제는 여기에 있다. 그들은
인민을 지도하려 했다. 하지만 '보편적 가르침'은 인민을 지도하
기 위한 방법이 아니다. 그것은 인간을 해방시키는 방법이다.

사실 진보라는 생각 자체가 불평등에 기반을 둔 것이다. 지식의 불평등을 교육을 통해 개선시키면서 무식의 단계에서 유식의 단계로 점차 나아가는 것이 교육에 있어서의 진보이다. 교육이 있기 위해서는 반드시 불평등이 있어야 한다. 그리고 교육은 항상 지속되는 것이기 때문에 불평등도 계속되어야 한다. 교육이 있기 위해서는 교육이 궁극적으로 이루고자 하는 평등에 이르는 과정은 끝없이 지연되어야 한다. 불평등의 상태는 개선된다 하더라도 영원히 지속되어야 한다. 이렇게 해서 진보론자들의 교육은 "불평등을 차츰차츰 평등하게 만드는 수단, 다시 말해 평등을 무한정 불평등하게 만드는 수단이다"(Rancière, 1987/2008, 247). 이렇게 해서 모든 인간은 동등한 지적 능력과 스스로 배울 수 있는 의지를 갖고 있다는 자코토의 평등론과 지적 해방의 담론은 잊혀지고 '보편적 가르침'은 의미가 변질된 채 진보적 교육 방법으로 전락하고 만다.

4. 해방의 정치

모든 것은 20세기의 가장 강한 상상력과 창조의 욕망이 지배하던 혁명의 시기에 시작된다. 틀에 박힌 모든 것들을 거부하고 경계선을 지워버리며 불가능을 가능하게 만드는 삶을 꿈꾸던 시기, 아스팔트 포장 밑에 아름다운 해변의 모래사장이 있다고 꿈꾸던 시기에 모든 것이 시작된다. 불가능한 것을 꿈꾸는 현실주의자가 되라고 외치는 것은 너무나 단순하고 무식한 일이었다. 선생에게서 배워야 할 학생이 선생의 지식과 권위를 무시하고 함께 대화를 나누며 무엇을 공부해야 할지를 이야기해 보자고 하는 것은 기가 찬 일이었으며 대중운동을 조직하고 협상하면서 권력을 쟁취할 줄 아는 전문가들인 정당과 노동조합 지도부에게서 지휘를 받지도 않고 조언을 구하지도 않은 채 거리로 나가는 것은 군중심리에 휘둘리는 멍청한 자들의 짓이었다. 이 무지하고 세상물정을 모르는 자들에게는 세상의 진리를 꿰뚫고 있는 과학자들의 전문적 지식을 가르쳐 줘야만 한다. 그들을 진리의 빛으로 무지의 늪에서 구해내야만 한다.

하지만 이상하게도 이 단순무식하고 이데올로기에 사로잡힌 사람들이 누구의 지시와 지도도 받지 않고 모여 때로는 축제 같고 때로는 전쟁 같은 어수선함 속에서 국가의 모든 기능을 마비시키면서 제도는 물론 사람들의 사고방식마저도 바꿔버렸다. 무지한 대중을 올바른 투쟁의 길로 인도하는 임무를 부여받은 과학적 지식은 어디에도 없었고 어떤 힘도 발휘하지 못했다. 이데올로기에 사로잡혀 세상의 모습을 있는 그대로 볼 수 없는 대중과 과학적 지식을 통해 세상의 진리를 알고 있는 지식인 사이의 전통적 구분은 무너졌다. 전통적으로 지배와 복종에 대한 일종의 고정관념이 존재해 왔다. 즉, 지배하는 계급과 복종하는 계급으로 나눠진 사회체계가 잘 유지된다면 그것은 복종하는 계급의 무지 때문이다. 그들은 그들이 지배당하는 이유를 알지 못하고 그렇기 때문에 지배에 맞서 대항하지 못한다. 오직 과학적이고 객관적 지식을 가진 지식인만이 지배와 복종의 메커니즘을 파악할 수 있다. 그리고 그 지식을 지배받는 대중에게 가르쳐 줄 때 비로소 그들은 해방을 위한 투쟁을 효과적으로 진행시킬 수 있다. 이와 같은 고정관념은 과학적 지식의 담지자인 지식인들에 의해 생산, 유포되는 것이다. 그런데 이 고정관념은 대중을 자신이 하는 일을 이해하지 못하는 무지한 자의 자리에 묶어놓으면서 오히려 사회적 지배를 강화하고 재생산한다.

68운동이 맞서 싸웠던 것은 바로 이 고정관념이며 랑시에르가 『알튀세르의 교훈』에서부터 시작해 계속해서 깨뜨리고자 하는 것도 바로 이 고정관념이다. 『철학자와 그의 빈자들Le Philosophe et ses pauvres』에서 랑시에르는 특히 『상속자들』과 『재생산』에서 반복되고 있는 부르디외의 논리를 공격하면서 이 고정관념의 문제를 부각시킨다. 부르디외는 근대 학교의 신화, 즉 학교가 모든 사람에게 자신의 잠재력을 실현시킬 수 있는 평등한 기회를 제공한다는 생각을 공격한다. 모든 사람에게 입학의 기회를 부여하는 학교는 중립적 기구이며 학교에서의 성공과 실패는 오직 개인의 재능과 노력 여부에 달린 것으로 인식되지만 사실은 학교에서의 성공과 실패는 학생의 출신계급이 가진 자본들에 의해 결정된다. 따라서 학교는 모든 학생들에게 평등한 기회를 제공하는 중립적 기구가 아니라 학생의 출신계급에 따라 학생을 선별하는 사회적 차별의 기구라고 보는 것이 부르디외의 생각이다. 따라서 학교가 사회적 차별의 기구라는 것을 아는 것이 해방을 위한 전제 조건이 된다. 그리고 그것을 깨달을 수 있는 지식을 만들고 전달하는 것은 물론 부르디외와 같은 사회학자이다.

부르디외의 생각을 따라가자면 학교가 지배의 도구인 것은 학교가 무슨 일을 하느냐에 의해 결정되는 것이 아니라 학교가 무슨 일을 한다고 믿게 만드느냐에 의해 결정된다. 즉, 사람들이 학교가 학생들에게 평등한 기회를 준다고 믿기 때문에 학교는 지배의 도구로서 기능할 수 있다. 학교는 실제로는 학생의 출신계급에 따라 학생들을 선별하게 되는 메커니즘 속에서 작

동하면서도 노동자의 자식들을 포함해 모두에게 평등하게 입학
과 진학의 기회를 준다고 믿게 만든다. 그렇게 믿게 만듦으로써
노동자의 자식들이 학교에 진학하지 못한다면 그것은 출신계급
과 관련된 이유 때문이 아니라 그들이 무능력하기 때문이라고
믿게 만든다. 결국 노동자의 자식들은 그들이 무능하기 때문에
학교에 진학하지 못한다고 생각하게 되고 그들이 학교에 진학
하지 못하는 진짜 이유는 알지 못한다.

　랑시에르가 보기에 이것은 노동자의 자식들이 결코 학교에
진학할 수 없도록 만드는 동어반복적인 순환논리에 지나지 않
는다. 우선 노동자의 자식들은 학교에 진학하지 못하는 진짜 이
유를 알지 못하기 때문에 진학하지 못한다. 그리고 그들은 학교
에 진학하지 못하기 때문에 학교에 진학하지 못하는 진짜 이유
를 알 수 없다. 다시 말하자면 노동자의 자식들은 학교에 진학
하는 데 필요한 문화적 자본을 갖지 못하고 있기 때문에 학교에
진학하지 못한다. 그들은 학교에 진학하지 못하기 때문에 학교
진학에 필요한 문화적 자본을 가질 수 없다. 결국 노동자의 자
식들은 순환적 구조 속에서 자신의 힘으로는 결코 학교에 진학
할 수 없는 운명에 처해 있는 셈이다.

　동일한 논리가 부르디외의 『구별 짓기』La distinction: critique social du

jugement』에서도 반복된다. 부르디외는 미적 판단과 취향도 계급이 가진 자본들에 따라 달라진다는 것을 밝히면서 그것들이 지배계급은 지배자의 자리에, 피지배계급은 피지배자의 자리에 머물도록 하는 상징적 폭력으로 기능한다고 주장한다. 이에 따르면 노동자나 농민 등의 민중계급은 필요성의 미학에 따라 생활과 직결된 유용한 것을 아름답다고 판단하는 반면 상층계급은 일상적 이해관계에서 벗어난 칸트식의 순수한 미적 관심을 갖고 예술작품을 아름답다고 평가한다. 이것은 각각의 계급이 가진 경제적, 문화적 자본의 차이에서 비롯되는 것이며 각 계급은 이 미적 판단과 취향을 자신의 계급적 정체성을 유지하기 위해 다른 계급들과 자신을 구별 짓는 수단으로 이용한다. 민중계급은 순수한 예술작품을 즐길 자본들을 갖지 못하기 때문에 순수 미학을 자신의 미학으로 갖지 못한다. 또한 그들은 순수 미학을 자신의 미학으로 갖고 있지 않기 때문에 순수 예술작품을 즐기면서 문화적 자본을 축적할 수 없다. 결국 민중계급은 문화와 예술의 장에서 자신에게 할당된 자리에 머무를 수밖에 없다.

부르디외의 이론에 따르면 피지배자들은 지배의 구조를 내면화하면서 스스로를 피지배자로 만들어가기 때문에 결코 지배에서 벗어날 수 없다. 부르디외의 이론은 피지배자가 지배에서 벗어나는 것은 구조적으로 불가능하다는 것을 밝히고 피지배자에게 그의 자리에 머무르는 것 외에는 다른 할 일이 없다고 말한다. 이렇게 해서 지배를 영속시키는 구조를 밝힘으로써 지배의 논리를 부수고자 하는 사회학자의 이론이 역설적으로 지배의 구조를 완성시키는 역할을 하는 셈이다.

하지만 랑시에르는 19세기 노동자들의 글을 읽으면서 노동자들이 사회가 그들에게 할당한 자리에서 계속 벗어나려 다양한 방식으로 노력하고 있음을 발견한다. 그들은 그들에게 금지된 다른 계급의 언어와 시간과 문화를 자신의 것으로 만들고자 했다. 그렇게 해서 사회가 정해 놓은 계급의 경계, 정체성의 경계, 문화의 경계, 취향의 경계, 지식의 경계를 흩트리고 부수려 했다. 따라서 랑시에르가 보기에 "노동 해방은 우선 미적 해방이었다. 그것은 조건에 의해 '강요된' 감각세계에 대해 거리를 두는 것이었다"(Rancière, 2007, VI). 객관적이고 과학적인 진리의 담지자라고 자처하는 지식인의 문제는 바로 이 감각세계를 강요하는 감춰진 규칙을 찾았다고 믿으면서 대중을 그 규칙을 모르는 무지한 자로 취급하고 심지어는 대중에게 그 감각세계의 정해진 위치에 머물도록 강요한다는 것이다. 이것은 지식인이 기본적으로 대중을 자신보다 열등한 자로 상정하고 있기 때문에 발생하는 일이다. 지식인은 열등한 대중을 지도하고 교화하려 한다. 이렇게 해서 그들은 대중과 평등해지려 한다. 하지만 진정으로 대중의 힘을 이해하려면 평등을 도달점이 아니라 출발점으로 삼아야 한다. 즉, 대중을 평등한 존재로서 인정하고 존중해야 한다. 대중은 무지한 자가 아니라 무지한 자라고 멸시받는 존재이다. 바로 여기에서 모든 문제가 발생한다. "지식의 제1의 악은 무지가 아니라 멸시이다. 무지한 자를 만드는 것은 바로 멸시이지 과학의 부족이 아니다. 그리고 멸시는 어떤 과학으로도 치유될 수 없다. 오직 그 반대에 있는 편견인 존중 considération만이 치유할 수 있다"(Rancière, 2007, XIII).

68운동이 폭발적으로 드러낸 대중의 상상력 속에서 명확히 규정할 수 없는 힘의 원천을 느낀 랑시에르는 알튀세르가 인식론적 단절이란 이름으로 분리시킨 과학과 이데올로기 사이의 분할에 의문을 제기한다. 그는 진리를 담고 있는 과학적 담론의 생산자와 현실에 대한 잘못된 허상에 사로잡혀 있는 무지한 대중을 구분하는 것은 사실상 그 분할 속에서 안주하면서 사회질서를 유지하고 재생산해내는 행위일 뿐이라고 판단한다. 과학적 마르크스주의는 노동자들의 조건과 의식과 행동 위에 드리워진 부르주아의 베일을 거둬내 노동의 본모습과 노동자의 실체를 드러낸다고 하면서 사실은 노동자들을 이상화하고 신비화해내면서 그들을 사회질서 안의 정해진 자리에 정착시키고 있지 않는가?

19세기 노동자들의 글을 읽고 그 안에 있는 노동자들의 다양한 생각과 욕망과 언어들을 펼쳐내면서 랑시에르는 문제는 모든 것에 각자의 자리를 할당하고 그 자리를 지키게 하는 분할에 있다는 것을 깨닫는다. 따라서 해방이란 것은 바로 분할을 거부하고 뛰어넘는 것이다. 랑시에르는 이 생각을 발전시킬 근거를 자코토의 교육 원리에서 찾는다. 자코토는 모든 사람은 지적으로 평등하다고 전제하면서 불평등이 아니라 평등을 출발점으로 삼아야 한다고 주장한다. 자코토의 생각을 바탕으로 랑시에르는 비로소 그동안 그가 맞서 싸워 온 두 가지의 대립된 생각들—부르주아 이데올로기와 비판적 과학—에 대한 일관된 비판의 교두보를 확보하게 된다. 그것들은 모두 불평등을 전제하고 평등에 이르는 길을 모색하거나 모색하는 척하고 있기 때문이다.

알튀세르의 과학적 마르크스주의에 대한 비판에서 시작해서 불평등을 유지, 재생산하는 논리와 맞서 싸워 온 랑시에르는 정치를 새로운 방식으로 이해한다. 그에게 있어서 정치란 권력의 생산과 행사에 관련된 것이 아니다. 권력의 행사는 사회적 분할을 만들어내고 유지하고 고착시킨다는 점에서 정치가 아니라 치안police이다. 랑시에르에게서 정치란 국가나 정당 등과 같은 제도적 장치를 통해 드러나는 권력행사가 아니라 모든 사람들이 자신들의 목소리를 자유롭게 내는 과정이다. 그것은 불화mésentente와 이견dissensus이 드러나는 과정이다. 각자가 할당받은 자신의 자리를 지키는 것이 합의consensus이고 그 합의가 유지되도록 하는 것이 치안이다. 그와 달리 정치에서는 각자가 자신에게 할당된 자리를 벗어나 서로 다른 언어와 문화와 정체성이 얽히고설키며 부딪쳐간다. 정치는 아무나 자신의 능력을 자유롭게 행사하는 과정인 것이다. 이 정치는 두 가지 생각을 기반으로 한다. 하나는 "어떤 사람도 다른 어떤 사람만큼이나 똑똑하다"는 것, 다시 말해 모든 사람은 지적으로 평등하다는 것이고 다른 하나는 "적어도 이미 행해진 일 외에 해야 할 다른 일이 하나는 항상 있다"는 것, 다시 말해 기존 질서에 기반 하지 않고 그것을 뛰어넘는 행동이 항상 있다는 것이다(Rancière, 2005/2011, 23). 정치를 평등과 행동이라는 두 가지 개념으로 이해하면서 랑시에르는 사회질서의 분할 속에서 생각할 수도, 들을 수도, 말할 수도, 행동할 수도 없는 존재로 자리매김되어 온 사람들이 그 질서로부터 해방되는 길을 제시한다. "아무 평민이나 스스로를 인간이라 느끼고, 자기가 할 수 있다고 믿으며, 자기 자신과 모든 다른 사람이 지능의 특권을 행사할 수 있다고 믿는 것," 바로 이 것이 해방이다. 이것은 랑시에르가 자코토의 입을 빌려 말하는 것처럼 "식자들이 인민의 지능이 이해할 수 있는 범위 내에서 설명을 통해 부여하는 해방이 아니라, 우리가 심지어 식자들에 맞서 우리 스스로를 지도할 때 얻는 해방"이다(Rancière, 1987/2008, 188-189).

참고문헌

이성재(2009), 『68운동』, 책세상.

조영래(2001), 『전태일 평전』, 아름다운 전태일.

Althusser, L.(1964), Problèmes étudiants, in *La Nouvelle critique*, n°152, 80-111.

__________(1965), *Lire le Capital* (avec Étienne Balibar, Roger Establet, Pierre Macherey et Jacques Rancière), Paris: Maspero.

__________(1965), *Pour Marx*, Paris: Maspero. 이종영 역(1997), 『맑스를 위하여』, 백의.

__________(1968), La philosophie comme arme de la révolution, in Althusser, L.(1976), *Positions*. Editions Sociales.

__________(1973), *Réponse à John Lewis*, Paris: Maspero.

Barthes, R.(1953)., *Le Degré zéro de l'écriture*, Paris: Éditions du Seuil, 김웅권 역(2007), 『글쓰기의 영도』, 동문선.

__________(1957), *Mythologies*, Paris: Éditions du Seuil, 이화여자대학교기호학연구소 역(1997), 『현대의 신화』, 동문선.

__________(1964), Eléments de sémiologie, in *Communications*, n°4, 91-135.

Bourdieu, P. et al.(1965), *Un art moyen: Essai sur les usages sociaux de la photographie*, Paris: Éditions de Minuit, 주형일 역(2004), 『중간예술』, 현실문화연구.

__________(1979), *La Distinction: Critique sociale du jugement*, Paris: Éditions de Minuit, 최종철 역(2005), 『구별 짓기』, 새물결.

__________& Dardel, A.(1966), *L'amour de l'art : Les musées et leur public*, Paris: Éditions de Minuit.

__________& Passeron, J. C.(1964), *Les héritiers: les étudiants et la culture*, Paris: Éditions de Minuit.

__________& Passeron, J. C.(1970), *La Reproduction. Éléments pour une théorie du système d'enseignement*, Paris: Editions de Minuit, 이상호 역(2000), 『재생산』, 동문선.

Debord, G.(1967), *La Société du spectacle*, Paris: Buchet-Chastel, 이경숙 역(1996), 『스펙타클의 사회』, 현실문화연구.

Dosse, F.(1991), *Histoire du structuralisme. 1. Le champ du signe, 1945-1966*, Paris: La Découverte.

________(1992), *Histoire du structuralisme, 2, Le chant du cygne, 1967 à nos jours*, Paris: La Découverte.

Elias, N.(1993), *Mozart: Zur Soziologie eines Genies*. Suhrkamp Verlag, 박미애 역(1999), 『한 천재에 대한 사회학적 고찰: 모차르트』, 문학동네.

Engels, F.(1845), *Die Lage der arbeitenden Klasse in England*, 박준식, 전병

유, 조효래 역(1988), 『영국 노동자계급의 상태』, 세계.

Ericsson, K. A. et al(2006), *The Cambridge Handbook of Expertise and Expert Performance*, Cambridge University Press, 769-770.

Feldman, D. H.(1984), A follow-up of subjects scoring above 180 IQ in Terman's genetic studies of genius, in *Exceptional Children*, Vol. 50, No. 6, 518-523.

Foucault, M.(1961), *Folie et Déraison. Histoire de la folie à l'âge classique*, Paris: Plon, 이규현 역(2003), 『광기의 역사』, 나남.

__________(1966), *Les Mots et les Choses. Une archéologie des sciences humaines*, Paris: Gallimard, 이규현 역(2012), 『말과 사물』, 민음사.

Gilcher-Holtey, I.(2008), 1968, *Eine Zeitreise*, Suhrkamp Verlag, 정대성 역(2009), 『68혁명, 세계를 뒤흔든 상상력』, 창비.

Greimas, A. J.(1966), *Sémantique structurale: recherche et méthode*, Paris: Larousse.

Jacotot, J.(1822), *Enseignement Universel: Langue Maternelle*, Louvain.

________(1837), *Enseignement universel, Droit et philosophie panécastique*, Paris: Mansut fils.

Lacan, J.(1949), Le stade du miroir comme formateur de la fonction du Je telle qu'elle nous est révélée dans l'expérience psychanalytique in Lacan, J.(1966), *Écrits*. Paris: Éditions du Seuil, 93-100.

_______(1953), Fonction et champ de la parole et du langage en psychanalyse, in Lacan, J.(1966), *Écrits*. Paris: Éditions du Seuil, 237-322.

________(1957), L'instance de la lettre dans l'inconscient, in Lacan, J. (1966), *Écrits*, Paris: Éditions du Seuil, 495-528.

Lefebvre, H. (1947), *Critique de la vie quotidienne*, Paris: L'Arche.

__________(1961), *Critique de la vie quotidienne II, Fondements d'une sociologie de la quotidienneté*, Paris: L'Arche.

Lévi-Strauss, C. (1949), *Les structures élémentaires de la parenté*, Paris: PUF.

______________(1958), *Anthropologie structurale*, Paris: Plon.

Michaud. L. G. (eds. 1844), *Biographie universelle, ancienne et moderne, ou Histoire, par ordre alphabétique, de la vie publique et privée de tous les hommes*, Tome. 68. Paris: Michaud.

Milner, J. C. (1984), *De l'Ecole*, Paris: Éditions du Seuil.

Mitra, S. & Vivek R. (2001), 'Children and the Internet: Experiments with minimally invasive education in India', *British Journal of Educational Technology*, 32(2): 221-232.

________ et al(2003), Improving English pronunciation: an automated instructional approach, *Information Technologies & International Development*, 1, 1: 75-84.

________ & Ritu D. (2010), 'Limits to self-organising systems of learning-the Kalikuppam experiment,' *British Journal of Educational Technology*, 41(5): 672-688.

Payne, J. (1830), A *Compendious Exposition of the Principles and Practice* of *Professor Jacotot's celebrated System of Education*, London: Printed for R. Stephens.

Platon, *Politeia*, 최현 역(2009), 『플라톤의 국가론』, 집문당.

Rancière, J.(1974), *La Leçon d'Althusser*, Paris: Gallimard.

__________(1978), La pensée d'ailleurs, in *Critique*, n° 369.

__________(1981), *La Nuit des prolétaires*, Paris: Fayard.

__________(1983), *Louis-Gabriel Gauny: le philosophe plébéien*. La Découverte.

__________(1987), *Le Maître ignorant: Cinq leçons sur l'émancipation intellectuelle*, Paris: Fayard, 양창렬 역(2008), 『무지한 스승』, 궁리.

__________(2004), Conférence de Rio sur le maître ignorant. http://www.caute.lautre.net/spip.php?article1291.

__________(2005), *Chroniques des temps consensuels*, Paris: Éditions du Seuil. 주형일 역(2011), 『합의의 시대를 평론하다』, 인간사랑.

__________(2007), *Le philosophe et ses pauvres*, Paris: Flammarion.

Sacquin, M. et al.(1993), *Le Printemps des génies, Les enfants prodiges*, Paris: Editions Robert Laffont/Bibliotheque Nationale, 이혜은 역(1999), 『천재의 역사 1, 2』, 도서출판 끌리오.

Sartre, J. P.(1946), *L'existentialisme est un humanisme*, Paris: Poche Folio, 박정태 역(2008), 『실존주의는 휴머니즘이다』, 이학사.

Saussure, F.(1916/1972), *Cours de linguistique générale*, Paris: Payot, 김현권 역(2012), 『일반언어학 강의』, 지식을 만드는 지식.

Terman, L. M. & Oden, M. H.(1947), *Genetic Studies of Genius: The gifted child grows up; twenty-five years' follow-up of a superior group*(4 ed.), Stanford University Press.

Touraine, A.(1965), *Sociologie de l'action*, Paris: Éditions du Seuil.

Théry, A. F.(1858), *Histoire de l'éducation en France: depuis le cinquième siècle jusqu'à nos jours*, Paris: Dezobry.

Vaneigem, R.(1967), *Traité de savoir-vivre à l'usage des jeunes générations*. Paris: Gallimard, 주형일 역(2017), 『일상생활의 혁명』, 갈무리.

Jacques
RANCIERE

[세창명저산책]

세창명저산책은 현대 지성과 사상을 형성한 명
저들을 우리 지식인들의 손으로 풀어 쓴 해설서
입니다.

· 세창명저산책은 계속 이어집니다.